TAM KABUKLU ÜRÜN YEMEK KİTABI

Denizden Tabağa: Kapsamlı Bir Kabuklu Deniz Ürünleri Macerası

Yağmur Çelik

Telif Hakkı Malzemesi ©2024

Her hakkı saklıdır

Bu kitabın hiçbir bölümü, incelemede kullanılan kısa alıntılar dışında, yayıncının ve telif hakkı sahibinin uygun yazılı izni olmadan, hiçbir şekilde veya yöntemle kullanılamaz veya aktarılamaz. Bu kitap tıbbi, hukuki veya diğer profesyonel tavsiyelerin yerine geçmemelidir.

İÇİNDEKİLER _

İÇİNDEKİLER _ 3
GİRİİŞ 7
ISTAKOZ 8
   1. Istakoz Benedict 9
   2. Istakozlu omlet 11
   3. Istakoz ve Avokado Tostu 13
   4. Istakoz Kahvaltı Burrito 15
   5. Istakoz ve Ispanaklı Omlet 17
   6. Mısır krepleri ve Istakoz yığını 19
   7. Istakoz waffle'ları 22
   8. Istakoz salata dolması yumurta 25
   9. Istakoz ve yengeç mantı 27
   10. Istakoz böreği 30
   11. Istakoz fondü sosu 32
   12. Istakoz Nachos 34
   13. Çubuk Üzerinde Sörf ve Çim 36
   14. Istakoz Ceviche 38
   15. Istakoz sosisi 40
   16. Izgara tropik meyveli ıstakoz kuyruğu 42
   17. Istakozlu turta 44
   18. Istakoz Rulo 46
   19. Yengeç ve Istakoz Izgara Peyniri 48
   20. Istakoz Newburg 50
   21. Soslu Zerdeçal Istakoz Thermidor 52
   22. Odun Fırını Istakoz kuyrukları 54
   23. Istakoz Kanton 56
   24. Narenciye tereyağlı ıstakoz kuyrukları 58
   25. Siyah lychee çayı füme ıstakoz 60
   26. Körili ıstakozlu risotto 62
   27. Istakoz Mac ve Peynir 65
   28. Istakoz ve Karidesli Lazanya 68

29. Istakoz Şehriye Güveç 71
30. Deniz Ürünlü Makarna Güveç 74
31. Istakoz ve Enginarlı Papyonlu Makarna 76
32. Safran Suyunda Kabuklu Deniz Ürünleri Mantısı 78
33. Çin Istakoz Yahnisi 81
34. Istakoz-Domates Bisque 84
35. Düğme Mantarları ve Istakoz 86
36. Istakoz ve Mango Salatası 88
37. Istakoz Sezar Salatası 90
38. Istakoz Şifonatı 92
39. Fesleğenli Istakoz Tabbouleh 94

KARİDES 97

40. Bouillabaisse Isırıkları 98
41. Linguine ve Karides Scampi 100
42. Safran Allioli Tostları Üzerinde Karides a la Plancha 102
43. Bombay Maymunbalığı 105
44. Tavuk, Karides ve Chorizo Paella 107
45. Naneli Karides Lokmaları 110
46. Kivi Meyvesi ve S Karides 112
47. Otlu Keçi Peyniri ve Prosciutto Karides 114
48. Karidesli ve Pestolu Gnocchetti 116
49. Kanadalı Patlamış Mısır 119
50. Elma Sırlı Deniz Ürünleri Şişleri 121
51. Karidesli Ispanak Salataları 123
52. Karidesli Sufle 125
53. Ceviche Peruano 127
54. Domates Soslu Cheddar Fondü 129
55. Baharatlı Karides ve Peynirli Dip 131
56. Ördek Bamya 133
57. Ananaslı Körili Ördek 136
58. Lychees ile Barbekü Ördek Köri 139
59. Izgara Kabuklu Deniz Ürünleri Ceviche 142
60. Kabak Böreği Kaseleri 144
61. Kinoa ve Karides Salatası 146
62. Akşamdan Kalma Karides 148
63. Fırıldak Karides Ruloları 150

64. Peynirli Pesto Karidesli ve Mantarlı Makarna 153
65. Makarnalı Peynirli Pesto Karides 155

YENGEÇ 157

66. Yengeç kekleri 158
67. Yengeç turtaları 160
68. Deniz ürünleri sosu 162

İSTİRİDYELER 164

69. İstiridye kroketleri 165
70. İstiridye ve Domates Bruschetta 168
71. İstiridye Suşi Ruloları 170
72. İstiridye ve Mavi Peynirli Crostini 172
73. Cajun Kızarmış Karides ve İstiridye 174
74. Kızarmış istiridyeler 176
75. İstiridye ve habanero ceviche 178
76. Pastırma-istiridye ısırıkları 180
77. İstiridye ve havyar 182
78. İstiridye Böreği 184
79. Tempura kızarmış istiridye 186
80. Klasik İstiridye Rockefeller 189
81. İstiridye Atıcıları 191
82. İstiridye ve Pastırma Sarılmış Mezeler 193
83. Baharatlı İstiridye Sosu 195
84. İstiridye ve Salatalık Kanepeleri 197
85. İstiridye ve Mango Sos Tostadas 199
86. İstiridye ve Pesto Crostini 201
87. İstiridye ve Bacon Jalapeño Poppers 203
88. İstiridye ve Mango Guacamole 205
89. İstiridye ve Keçi Peynirli Mantar Dolması 207

İSTİRİDYE 209

90. Soğuk daldırma 210
91. Fırında doldurulmuş istiridye 212
92. Konserve istiridye börek 214
93. İstiridye topları 216

DENİZ TARAĞI 218

94. Defne tarak ceviche 219
95. Bourbon-domuz pastırması tarakları 221
96. Karamelize deniz tarağı 223

KEREVİT 225

97. Cajun Usulü Kerevit Kaynatma 226
98. Sarımsaklı Tereyağı Kerevit 228
99. Kerevit Makarna 230
100. Kerevit Etouffee 232

ÇÖZÜM 234

GİRİŞ

Sizi denizden tabağa götürecek bir kabuklu deniz ürünleri macerasına yönelik kapsamlı rehberiniz "Tam Kabuklu Ürün Yemek Kitabı"a hoş geldiniz. Bu yemek kitabı, kabuklu deniz hayvanlarının çeşitli ve nefis dünyasının bir kutlamasıdır; sizi okyanusların zenginliğini keşfetmeye ve bu su altı hazinelerinin zengin lezzetlerini sergileyen mutfak başyapıtları yaratmaya davet ediyor. Alışılmışın ötesine geçen, denizin lezzetlerini çeşitli heyecan verici ve leziz şekillerde tatmanızı sağlayacak bir yolculukta bize katılın.

Lezzetli istiridye tabaklarıyla, mükemmel şekilde ızgaralanmış karideslerle ve yozlaşmış ıstakoz yemekleriyle süslenmiş bir masa hayal edin; bunların hepsi, her kabuklu deniz hayvanı çeşidinin benzersiz özelliklerini vurgulamak için ustalıkla hazırlanmış. "Komple Kabuklu Deniz Ürünleri Yemek Kitabı" sadece bir tarif koleksiyonundan daha fazlasıdır; kabuklu deniz hayvanlarının sunduğu tekniklerin, tatların ve mutfak olanaklarının araştırılmasıdır. İster deniz ürünleri meraklısı olun ister mutfak ufkunuzu genişletmek isteyin, bu tarifler size denizden gelen hazinelerle unutulmaz ve ağız sulandıran yemekler yaratmanız için ilham vermek üzere hazırlandı.

Klasik hazırlıklardan favori kabuklu deniz ürünlerine yönelik yenilikçi dokunuşlara kadar her tarif, bu okyanus lezzetlerini tanımlayan tuzlu, tatlı ve tuzlu tatların bir kutlamasıdır. İster deniz ürünleri ziyafeti veriyor olun, ister evinizde sakin bir yemeğin tadını çıkarıyor olun, bu yemek kitabı, kabuklu deniz ürünleri hazırlama sanatında ustalaşmak için başvuracağınız kaynaktır.

Her yaratımın kabuklu deniz hayvanlarının çeşitli ve nefis dünyasının bir kanıtı olduğu okyanusun derinliklerine dalarken bize katılın. Öyleyse önlüğünüzü giyin, denizin tazeliğini kucaklayın ve " Tam Kabuklu Ürün Yemek Kitabı "ta leziz bir yolculuğa çıkalım.

ISTAKOZ

1.Istakoz Benedict

İÇİNDEKİLER:
- 1 ıstakoz kuyruğu, pişmiş ve doğranmış
- 2 İngiliz çöreği, bölünmüş ve kızartılmış
- 4 yumurta
- ½ bardak hollandaise sosu
- Tatmak için biber ve tuz
- Garnitür için taze frenk soğanı

TALİMATLAR:
a) Küçük bir kapta yumurtaları çırpın, tuz ve karabiberle tatlandırın.
b) Yapışmaz bir tavayı orta ateşte ısıtın ve bir miktar tereyağını eritin. Çırpılmış yumurtaları tavaya dökün ve istediğiniz kıvamda pişene kadar karıştırın.
c) Bu arada doğranmış ıstakoz etini ayrı bir tavada ısıtın.
ç) Birleştirmek için, kızarmış İngiliz çöreğinin yarısını bir tabağa koyun, üzerine çırpılmış yumurta ve ardından ısıtılmış ıstakoz eti ekleyin.
d) Istakozun üzerine hollandaise sosunu gezdirin ve taze frenk soğanı ile süsleyin.
e) Kalan İngiliz çöreği yarımları için tekrarlayın.
f) Derhal servis yapın.

2.Istakozlu omlet

İÇİNDEKİLER:

- 1 ıstakoz kuyruğu, pişmiş ve doğranmış
- 4 yumurta
- ¼ bardak doğranmış biber
- ¼ bardak doğranmış soğan
- ¼ su bardağı rendelenmiş kaşar peyniri
- Tatmak için biber ve tuz
- Garnitür için taze maydanoz

TALİMATLAR:

a) Bir kapta yumurtaları çırpın, tuz ve karabiberle tatlandırın.

b) Yapışmaz bir tavayı orta ateşte ısıtın ve biraz yağ veya tereyağı ekleyin.

c) Küp küp doğradığınız biberleri ve soğanları yumuşayana kadar soteleyin.

ç) Çırpılmış yumurtaları tavaya dökün ve eşit şekilde yayılmasını sağlayın.

d) Kenarları sertleşene kadar pişirin, ardından doğranmış ıstakozu ve rendelenmiş kaşar peynirini omletin yarısının üzerine serpin.

e) Omletin diğer yarısını dolgunun üzerine katlayın.

f) Yumurtalar tamamen sertleşene ve peynir eriyene kadar pişirmeye devam edin.

g) Omleti bir tabağa kaydırın ve taze maydanozla süsleyin.

3.Istakoz ve Avokado Tostu

İÇİNDEKİLER:
- 1 ıstakoz kuyruğu, pişmiş ve doğranmış
- 2 dilim ekmek, kızartılmış
- 1 olgun avokado, dilimlenmiş
- ½ limon suyu
- Tatmak için biber ve tuz
- Kırmızı biber gevreği (isteğe bağlı)
- Garnitür için taze kişniş

TALİMATLAR:
a) Küçük bir kapta avokadoyu limon suyu, tuz ve karabiberle ezin.
b) Püre haline getirdiğiniz avokadoyu kızarmış ekmek dilimlerinin üzerine eşit şekilde yayın.
c) Her dilimin üzerine doğranmış ıstakoz eti koyun.
ç) İstenirse üzerine kırmızı pul biber serpip taze kişnişle süsleyin.
d) Derhal servis yapın.

4.Istakoz Kahvaltı Burrito

İÇİNDEKİLER:

- 1 ıstakoz kuyruğu, pişmiş ve doğranmış
- 4 büyük yumurta
- ¼ bardak doğranmış domates
- ¼ bardak doğranmış soğan
- ¼ bardak rendelenmiş Monterey Jack peyniri
- Tatmak için biber ve tuz
- Un ekmeği
- Servis için Sos ve ekşi krema

TALİMATLAR:

a) Bir kapta yumurtaları çırpın, tuz ve karabiberle tatlandırın.

b) Yapışmaz bir tavayı orta ateşte ısıtın ve biraz yağ veya tereyağı ekleyin.

c) Küp küp doğradığınız domatesleri ve soğanları yumuşayana kadar soteleyin.

ç) Çırpılmış yumurtaları tavaya dökün ve pişene kadar karıştırın.

d) Doğranmış ıstakoz etini ve rendelenmiş Monterey Jack peynirini tavaya ekleyin ve peynir eriyene kadar karıştırın.

e) Un ekmeğini ayrı bir tavada veya mikrodalgada ısıtın.

f) Istakoz ve yumurta karışımını her tortillaya kaşıkla dökün, ardından yanlarını katlayın ve sıkıca yuvarlayın.

g) Kahvaltı burritolarını yanında Sos ve ekşi krema ile servis edin.

5. Istakoz ve Ispanaklı Omlet

İÇİNDEKİLER:

- 1 ıstakoz kuyruğu, pişmiş ve doğranmış
- 6 büyük yumurta
- 1 su bardağı taze ıspanak yaprağı
- ¼ bardak doğranmış soğan
- ¼ bardak doğranmış kırmızı biber
- ¼ su bardağı rendelenmiş parmesan peyniri
- Tatmak için biber ve tuz
- Garnitür için taze fesleğen yaprakları

TALİMATLAR:

a) Fırınınızı önceden 350°F (175°C) ısıtın.
b) Bir kapta yumurtaları çırpın, tuz ve karabiberle tatlandırın.
c) Fırına dayanıklı bir tavayı orta ateşte ısıtın ve biraz yağ veya tereyağı ekleyin.
ç) Küp küp doğradığınız soğanları ve kırmızı biberleri yumuşayana kadar soteleyin.
d) Taze ıspanak yapraklarını tavaya ekleyin ve solana kadar pişirin.
e) Çırpılmış yumurtaları tavaya dökün ve sebzelerin arasındaki boşlukları doldurmalarını sağlayın.
f) Kıyılmış ıstakoz etini Omletnın her yerine eşit şekilde ekleyin.
g) Üzerine rendelenmiş Parmesan peynirini serpin.
ğ) Tavayı önceden ısıtılmış fırına aktarın ve yaklaşık 15-20 dakika veya Omlet sertleşene ve peynir eriyip hafifçe kızarıncaya kadar pişirin.
h) Fırından çıkarın ve dilimlemeden önce biraz soğumasını bekleyin.
ı) Taze fesleğen yapraklarıyla süsleyip sıcak olarak servis yapın.

6.Mısır krepleri ve ıstakoz yığını

İÇİNDEKİLER:
MISIR KREPLERİ İÇİN:
- 1 su bardağı mısır taneleri (taze veya dondurulmuş)
- 1 fincan çok amaçlı un
- 1 bardak süt
- 2 büyük yumurta
- 2 yemek kaşığı eritilmiş tereyağı
- ½ çay kaşığı tuz
- Tavayı yağlamak için pişirme spreyi veya ilave tereyağı

ISTAKOZ DOLGUSU İÇİN:
- 2 ıstakoz kuyruğu, pişmiş ve eti çıkarılmış
- ¼ bardak mayonez
- 1 yemek kaşığı limon suyu
- 1 yemek kaşığı doğranmış taze frenk soğanı
- Tatmak için biber ve tuz

MONTAJ VE GÜZELLİK İÇİN:
- Karışık yeşillikler
- limon dilimleri
- Taze frenk soğanı veya maydanoz (süslemek için)

TALİMATLAR:

a) Bir blender veya mutfak robotunda mısır tanelerini, unu, sütü, yumurtayı, eritilmiş tereyağını ve tuzu birleştirin. Pürüzsüz bir hamur elde edene kadar karıştırın. Hamuru yaklaşık 10 dakika dinlenmeye bırakın.

b) Yapışmaz bir tava veya krep tavasını orta ateşte ısıtın. Tavayı pişirme spreyi veya tereyağıyla hafifçe yağlayın.

c) Tavaya yaklaşık ¼ bardak mısır krep hamuru dökün ve tabanı eşit şekilde kaplayacak şekilde çevirin. Kenarları kalkmaya başlayana ve alt kısmı hafif altın rengi olana kadar 1-2 dakika pişirin. Krepi çevirin ve 1-2 dakika daha pişirin.

ç) Krepi tavadan alıp bir kenara koyun. İlave krepler yaparak işlemi kalan hamurla tekrarlayın.

d) Bir kapta pişmiş ıstakoz eti, mayonez, limon suyu, doğranmış frenk soğanı, tuz ve karabiberi birleştirin. Istakoz eti sosla kaplanana kadar iyice karıştırın.

e) Yığını birleştirmek için bir mısır krepini servis tabağına yerleştirin. Krepin üzerine ıstakoz dolgusunu eşit bir şekilde yayın.

f) Üstüne başka bir krep koyun ve tüm krepleri ve ıstakoz dolgusunu kullanana kadar işlemi tekrarlayın. Üstte bir krep ile bitirin.

g) Yığını karışık salata yeşillikleri, limon dilimleri ve taze frenk soğanı veya maydanozla süsleyin.

ğ) Istakoz yığınını dilimler halinde dilimleyin ve ana yemek veya zarif bir meze olarak servis edin.

7.Istakoz waffle'ları

İÇİNDEKİLER:
ISTAKOZ İÇİN:
- 2 ıstakoz kuyruğu
- 2 yemek kaşığı tereyağı
- Tatmak için biber ve tuz

Waffle için:
- 2 fincan çok amaçlı un
- 2 çay kaşığı kabartma tozu
- ½ çay kaşığı tuz
- 2 yemek kaşığı toz şeker
- 2 büyük yumurta
- 1 ½ su bardağı süt
- ⅓ bardak bitkisel yağ
- Waffle demirini yağlamak için pişirme spreyi veya ilave tereyağı

HİZMET İÇİN:
- Akçaağaç şurubu
- Kıyılmış taze frenk soğanı veya maydanoz (isteğe bağlı)

TALİMATLAR:

a) Fırınınızı önceden 375°F (190°C) ısıtın. Istakoz kuyruklarını bir fırın tepsisine yerleştirin ve eritilmiş tereyağıyla fırçalayın. Tuz ve karabiberle tatlandırın.

b) Istakoz kuyruklarını yaklaşık 12-15 dakika veya et opaklaşıp iyice pişene kadar pişirin. Bunları fırından çıkarın ve birkaç dakika soğumalarını bekleyin.

c) Istakoz kuyrukları elle tutulabilecek kadar soğuduktan sonra eti kabuklarından çıkarın ve ısırık büyüklüğünde parçalar halinde doğrayın. Bir kenara koyun.

ç) Büyük bir karıştırma kabında un, kabartma tozu, tuz ve şekeri birlikte çırpın.

d) Ayrı bir kapta yumurtaları çırpın. Sütü ve bitkisel yağı ekleyin ve iyice birleşene kadar çırpın.

e) Islak malzemeleri kuru malzemelerin olduğu kaseye dökün. Birleşene kadar karıştırın. Fazla karıştırmamaya dikkat edin; birkaç topak iyidir.

f) Waffle demirinizi talimatlara göre önceden ısıtın. Ütüyü pişirme spreyi veya tereyağıyla hafifçe yağlayın.

g) Waffle hamurunu, özel waffle ütünüz için önerilen miktarı kullanarak önceden ısıtılmış ütüye dökün. Kapağı kapatın ve waffle'ları altın kahverengi ve gevrek oluncaya kadar pişirin.

ğ) Pişen waffle'ları ütüden çıkarın ve geri kalan waffle'ları pişirirken kısık ateşte sıcak tutun.

h) Birleştirmek için, bir tabağa waffle koyun ve üzerine doğranmış ıstakoz etinin bol bir kısmını ekleyin. Üzerine akçaağaç şurubu gezdirin ve istenirse taze frenk soğanı veya maydanoz serpin.

ı) Istakoz waffle'larını sıcakken hemen servis edin ve lezzetli ıstakoz ve çıtır waffle kombinasyonunun tadını çıkarın.

8.Istakoz salata dolması yumurta

İÇİNDEKİLER:

- 6 adet haşlanmış yumurta
- ½ pound pişmiş ıstakoz eti, doğranmış
- ¼ bardak mayonez
- 1 yemek kaşığı limon suyu
- 1 yemek kaşığı doğranmış taze frenk soğanı
- ¼ çay kaşığı Dijon hardalı
- Tatmak için biber ve tuz
- Pul biber (süslemek için)
- Taze frenk soğanı (süslemek için)

TALİMATLAR:

a) Haşlanmış yumurtaları uzunlamasına ikiye bölün. Sarılarını dikkatlice çıkarın ve bir kaseye koyun.

b) Yumurta sarılarını kırıntı haline gelinceye kadar çatalla ezin. Kaseye doğranmış ıstakoz eti, mayonez, limon suyu, doğranmış frenk soğanı, Dijon hardalı, tuz ve karabiberi ekleyin. Tüm malzemeler birleştirilene ve karışım kremsi bir kıvama gelinceye kadar iyice karıştırın.

c) Istakoz salatası karışımını içi oyulmuş yumurta akı yarımlarına dökün ve aralarında eşit olarak bölün.

ç) Her doldurulmuş yumurtanın üzerine biraz renk ve lezzet katmak için biraz kırmızı biber serpin.

d) Her doldurulmuş yumurtayı küçük bir tutam taze frenk soğanı ile süsleyin.

e) Lezzetlerin birbirine karışmasını sağlamak için ıstakoz salatasıyla doldurulmuş yumurtaları en az 30 dakika buzdolabında saklayın.

f) Soğutulmuş yumurtaları meze veya atıştırmalık olarak servis edin. Bir tabağa veya ayrı ayrı servis tabaklarına yerleştirilebilirler.

9.Istakoz ve yengeç mantı

İÇİNDEKİLER:
MAKARNA HAMURU İÇİN:
- 2 fincan çok amaçlı un
- 3 büyük yumurta
- ½ çay kaşığı tuz

DOLGU İÇİN:
- ½ pound pişmiş ıstakoz eti, doğranmış
- ½ pound pişmiş yengeç eti, doğranmış
- ½ bardak ricotta peyniri
- ¼ su bardağı rendelenmiş parmesan peyniri
- ¼ bardak doğranmış taze maydanoz
- 2 yemek kaşığı kıyılmış arpacık soğanı
- 2 diş sarımsak, kıyılmış
- 1 yemek kaşığı limon suyu
- ½ çay kaşığı tuz
- ¼ çay kaşığı karabiber

SOSU İÇİN:
- 4 yemek kaşığı tuzsuz tereyağı
- 2 diş sarımsak, kıyılmış
- 1 yemek kaşığı kıyılmış taze maydanoz
- 1 yemek kaşığı limon suyu
- Tatmak için biber ve tuz

TALİMATLAR:

a) Temiz bir çalışma yüzeyinde unun ortasında bir havuz oluşturarak makarna hamurunu hazırlayın. Yumurtaları kuyuya kırın ve tuz ekleyin. Bir çatal kullanarak yumurtaları çırpın ve yavaş yavaş unu ekleyerek hamur oluşana kadar karıştırın. Hamuru pürüzsüz ve elastik hale gelinceye kadar yaklaşık 5 dakika yoğurun. Plastik sargıya sarın ve 30 dakika dinlendirin.

b) Bir karıştırma kabında doğranmış ıstakoz eti, yengeç eti, ricotta peyniri, Parmesan peyniri, doğranmış maydanoz, arpacık soğanı, kıyılmış sarımsak, limon suyu, tuz ve karabiberi birleştirin. Tüm malzemeler eşit şekilde birleşene kadar iyice karıştırın. Bir kenara koyun.

c) Makarna hamurunu dört parçaya bölün. Bir kısmını alın ve kurumasını önlemek için geri kalanını örtün. Hamuru bir makarna makinesi veya oklava kullanarak ince ve pürüzsüz hale gelinceye kadar açın. Hamuru yaklaşık 3x5 inçlik dikdörtgen tabakalara kesin.

ç) Her makarna yaprağının ortasına bir kaşık dolusu ıstakoz ve yengeç dolgusu koyun. Kağıdın kenarlarını suyla fırçalayın, ardından bir dikdörtgen oluşturmak için dolguyu katlayın. Mantıyı kapatmak için kenarlarına sıkıca bastırın.

d) Büyük bir tencerede tuzlu suyu kaynatın. Mantıyı dikkatlice kaynayan suya bırakın ve yaklaşık 3-4 dakika veya yüzeye çıkana kadar pişirin. Pişen mantıları delikli kepçeyle çıkarıp bir tabağa aktarın.

e) Büyük bir tavada, orta ateşte tereyağını eritin. Kıyılmış sarımsağı ekleyin ve kokusu çıkana kadar yaklaşık 1 dakika pişirin. Kıyılmış maydanoz ve limon suyunu ekleyip karıştırın. Tatmak için tuz ve karabiber ekleyin.

f) Pişmiş mantıyı sosla birlikte tavaya koyun ve eşit şekilde kaplayacak şekilde hafifçe fırlatın. Tatların birbirine karışmasını sağlamak için bir dakika daha pişirin.

g) İstenirse ilave Parmesan peyniri ve taze maydanozla süslenmiş ıstakoz ve yengeç mantısını sıcak olarak servis edin.

10.Istakoz böreği

İÇİNDEKİLER:
- 1 su bardağı kıyılmış ıstakoz
- 2 yumurta
- ½ bardak Süt
- 1¼ bardak Un
- 2 çay kaşığı kabartma tozu
- Tatmak için biber ve tuz

TALİMATLAR:

a) Bir küp ekmek altmış saniyede kızarana kadar derin yağı ısıtın. Yağ ısınırken yumurtaları hafif oluncaya kadar çırpın.

b) Sütü ve elenmiş unu, kabartma tozu, tuz ve karabiberi ekleyin ve ardından doğranmış ıstakozu ekleyin.

c) Küçük bir kaşıkla yağın içine damlatıp, altın rengi oluncaya kadar kızartın. Sıcak fırında kahverengi kağıt üzerine boşaltın.

ç) Hızlı limon sosuyla servis yapın.

11.Istakoz fondü sosu

İÇİNDEKİLER:

- 2 yemek kaşığı Tereyağı veya margarin
- 2 su bardağı rendelenmiş kaşar peyniri
- ¼ çay kaşığı kırmızı biber sosu
- ⅓ bardak Sek beyaz şarap
- 5 ons Istakoz küçük parçalar halinde kesilmiş

TALİMATLAR:

a) Düşük ateşte bir tavada tereyağını eritin. Peynir eriyene kadar yavaş yavaş peyniri ekleyip karıştırın.

b) Kırmızı biber sosu ekleyin; Karışım pürüzsüz hale gelinceye kadar karıştırarak yavaşça şarap ekleyin. Istakoz ekleyin; ısıtılıncaya kadar karıştırın.

12.Istakoz Nachos

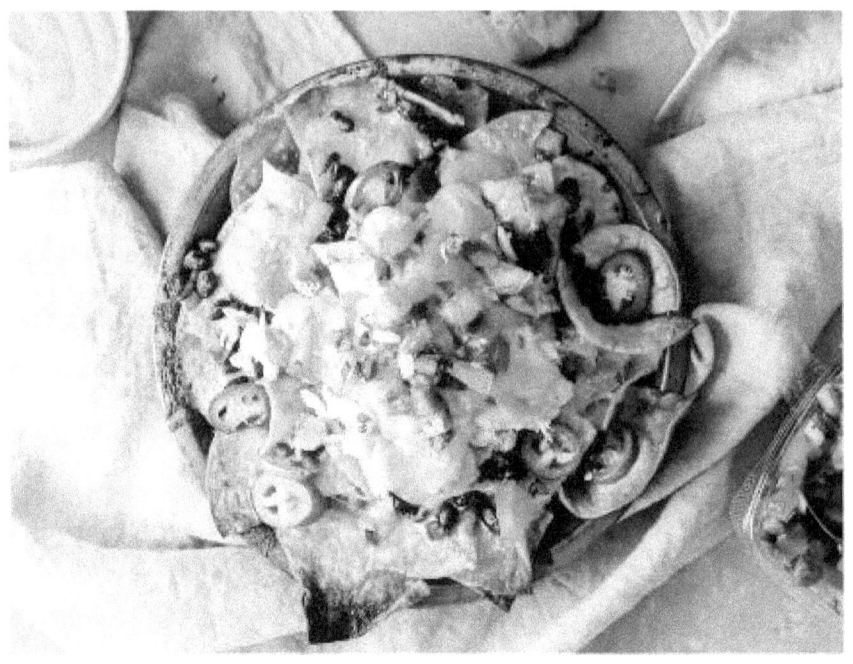

İÇİNDEKİLER:
- 1 kiloluk pişmiş ıstakoz eti, doğranmış
- 1 yemek kaşığı tereyağı
- 1 yemek kaşığı un
- 1 bardak süt
- Tuz ve biber
- Tortilla cips
- 1 su bardağı rendelenmiş Monterey Jack peyniri
- Kıyılmış taze maydanoz

TALİMATLAR
a) Fırını önceden 350°F'ye ısıtın.
b) Orta ateşteki bir tencerede tereyağını eritin ve unu ekleyip çırpın. 1-2 dakika pişirin.
c) Yavaş yavaş sütü pürüzsüz hale gelinceye kadar çırpın. Tuz ve karabiberle tatlandırın.
d) Tortilla cipslerini bir fırın tepsisine yerleştirin ve üzerine doğranmış ıstakoz eti ve rendelenmiş peynir ekleyin.
e) Sosu nachosların üzerine dökün ve fırında 8-10 dakika veya peynir eriyip kabarcıklanıncaya kadar pişirin.
f) Kıyılmış maydanozla süsleyin.

13.Çubuk Üzerinde Sörf ve Çim

İÇİNDEKİLER:
- 1 lb ıstakoz (önceden pişirilmiş ve buharda pişirilmiş)
- 1 lb biftek bonfile (çiğ)
- kırmızı biber (çiğ)
- kamp ateşi çubuğu

TALİMATLAR:

a) Sadece ateşte marshmallow yapar gibi kızartın ve şimdiye kadarki en taze, en lezzetli sörf ve çimin tadını çıkarın!

14.Istakoz Ceviche

İÇİNDEKİLER:

- 2 ıstakoz kuyruğu
- 6 adet Roma domatesi
- ½ doğranmış mor soğan
- 1 jalapeno doğranmış
- 1 salatalık doğranmış
- 1 demet kıyılmış kişniş
- 3 limonun suyu sıkılmış
- 1 çay kaşığı tuz
- 1 çay kaşığı sarımsak tuzu
- 1 çay kaşığı tajin baharatlı baharat
- Istakoz suyunun yarısı

TALİMATLAR:

a) Istakoz kuyruklarınızı kaynar suda yaklaşık 6 dakika pişirerek başlayın.
b) Hemen bir buz banyosuna daldırın. Soğuyunca ince ince doğrayın. Yarım bardak stoktan ayırın ve soğuması için dondurucuya koyun.
c) Tüm malzemelerinizi doğramaya başlayın ve doğranmış ıstakoza ekleyin.
ç) Tüm limonları cevichenin üzerine sıkın.
d) Baharatları ve ıstakoz suyunu ekleyin.
e) Baharatları kontrol edip damak tadınıza göre ayarlayın.
f) Tostada kabuklarının üzerinde cips veya krakerle servis yapın.
g) Üzerine taze avokado koyabilirsiniz.

15.Istakoz sosisi

İÇİNDEKİLER:

- 4 Feet küçük domuz kovanları
- 1½ pound Whitefish filetosu, küp şeklinde
- ½ çay kaşığı Öğütülmüş hardal tohumu
- ½ çay kaşığı Öğütülmüş kişniş
- 1 çay kaşığı pul biber
- 1 çay kaşığı Limon suyu
- ½ çay kaşığı Beyaz biber
- 1 Yumurta, dövülmüş
- ½ pound İri doğranmış ıstakoz eti

TALİMATLAR:

a) Kılıfları hazırlayın. Balıkları mutfak robotunda kırılıncaya kadar 3-4 kez çekin. Hardal, kişniş, kırmızı biber, limon suyu, biber ve yumurtayı ekleyin.

b) Harmanlanana kadar işlem yapın. Karışımı bir karıştırma kabına koyun ve ıstakoz etini ekleyin; iyice karıştırın.

c) Muhafazaları doldurun ve 3-4" bağlantılara bükün.

16.Izgara tropik meyveli ıstakoz kuyruğu

İÇİNDEKİLER:

- 4 adet bambu veya metal şiş
- ¾ altın ananas, soyulmuş, çekirdeği çıkarılmış ve 1 inçlik dilimler halinde kesilmiş
- 2 muz, soyulmuş ve çapraz olarak sekiz adet 1 inçlik parçaya kesilmiş
- 1 mango, soyulmuş, çekirdeği çıkarılmış ve 1 inçlik küpler halinde kesilmiş
- 4 kaya ıstakozu veya büyük Maine ıstakoz kuyruğu
- ¾ fincan Tatlı Soya Sır
- fincan tereyağı, eritilmiş
- 4 limon dilimleri

TALİMATLAR:

a) Bambu şişlerle ızgara yapıyorsanız şişleri en az 30 dakika suda bekletin. Yaklaşık 350¼F doğrudan orta ısı için bir ızgara yakın.

b) Ananas, muz ve mango parçalarını dönüşümlü olarak şişlerin üzerine geçirin ve şiş başına her meyveden yaklaşık 2 parça kullanın.

c) Her bir kuyruğu yuvarlak üst kabuk ve et boyunca uzunlamasına bölerek ıstakoz kuyruklarını kelebekleyin, düz alt kabuğu sağlam bırakın. Kabuk çok sertse, yuvarlak kabuğu kesmek için mutfak makası ve eti kesmek için bir bıçak kullanın.

ç) Eti ortaya çıkarmak için kuyruğu yavaşça açın.

d) Soya sırını meyve şişlerinin ve ıstakoz etinin üzerine hafifçe fırçalayın. Izgara ızgarasını fırçalayın ve yağla kaplayın. Istakoz kuyruklarını et tarafı aşağı bakacak şekilde doğrudan ateşin üzerine yerleştirin ve güzelce ızgara işaretine kadar 3 ila 4 dakika ızgara yapın. Eti kızartmaya yardımcı olmak için kuyrukları bir spatula veya maşayla ızgara ızgarasının üzerine bastırın. Et sert ve beyaz oluncaya kadar çevirin ve ızgara yapın, soya sırıyla 5 ila 7 dakika daha pişirin.

e) Bu arada meyve şişlerini ıstakozun yanında güzelce ızgara işaretine kadar, her tarafta yaklaşık 3 ila 4 dakika ızgara yapın.

f) Sıkmak için eritilmiş tereyağı ve limon dilimleri ile servis yapın.

17.Istakozlu turta

İÇİNDEKİLER:

- 6 yemek kaşığı Tereyağı
- 1 su bardağı doğranmış soğan
- ½ bardak kıyılmış kereviz
- Tuz; tatmak
- Taze çekilmiş beyaz biber; tatmak
- 6 yemek kaşığı Un
- 3 su bardağı Deniz ürünleri veya tavuk suyu
- 1 bardak Süt
- 2 su bardağı doğranmış patates; beyazlatılmış
- 1 su bardağı doğranmış havuç; beyazlatılmış
- 1 su bardağı tatlı bezelye
- 1 su bardağı doğranmış pişmiş jambon
- 1 pound Istakoz eti; pişmiş, doğranmış
- ½ bardak Su
- ½ Tarif Pasta Kabuğu, tava büyüklüğünde açılır

TALİMATLAR:

a) Fırını 375 dereceye kadar önceden ısıtın. Dikdörtgen bir cam fırın kabını yağlayın. Büyük bir sote tavasında tereyağını eritin. Soğanları ve kerevizi ekleyip 2 dakika soteleyin. Tuz ve karabiberle tatlandırın.

b) Unu karıştırın ve sarı bir meyane için yaklaşık 3 ila 4 dakika pişirin. Stokta karıştırın ve sıvıyı kaynatın.

c) Kaynamaya başlayınca ateşi kısın ve 8 ila 10 dakika veya sos kalınlaşmaya başlayıncaya kadar pişirmeye devam edin.

ç) Sütü karıştırın ve 4 dakika pişirmeye devam edin. Tuz ve karabiberle tatlandırın. Isıdan çıkarın. Patatesleri, havuçları, bezelyeyi, jambonu ve ıstakozu karıştırın.

d) Tuz ve karabiberle tatlandırın. Dolguyu iyice karıştırın. Eğer dolgu çok kalınsa, dolguyu inceltmek için biraz su ekleyin. Doldurmayı hazırlanan tavaya dökün. Kabuğu dolgunun üzerine yerleştirin.

e) Üst üste gelen kabuğu dikkatlice tavaya sokun ve kalın bir kenar oluşturun. Tavanın kenarlarını kıvırın ve bir fırın tepsisine yerleştirin. Keskin bir bıçak kullanarak kabuğun üst kısmına birkaç yarık açın.

f) Çanağı fırına yerleştirin ve yaklaşık 25 ila 30 dakika veya kabuk altın kahverengi ve gevrek oluncaya kadar pişirin.

g) Fırından çıkarın ve servis yapmadan önce 5 dakika soğutun.

18.Istakoz Rulo

İÇİNDEKİLER:

- 4 ons pişmiş ve doğranmış ıstakoz eti
- 1 topuz tam buğdaylı sosisli çörek
- ¼ bardak doğranmış kereviz
- ¼ bardak doğranmış kırmızı soğan
- 1 yemek kaşığı Mayonez
- 1 yemek kaşığı limon suyu
- taze çekilmiş karabiber ve tuz

TALİMATLAR:

a) Bir karıştırma kabında pişmiş ve doğranmış ıstakoz etini, doğranmış kerevizi ve doğranmış kırmızı soğanı birleştirin. Malzemelerin eşit şekilde dağılması için iyice karıştırın.

b) Ayrı bir küçük kapta mayonezi, limon suyunu, taze çekilmiş karabiberi ve tuzu birlikte çırpın. Bu ıstakoz rulosunun sosu olacak.

c) Pansumanı ıstakoz karışımının üzerine dökün ve tüm malzemeler sosla kaplanana kadar yavaşça karıştırın. Baharatı damak zevkinize göre ayarlayın.

ç) Bir tavayı veya ızgarayı orta ateşte önceden ısıtın. Tam buğdaylı sosisli çöreğin dışını hafifçe yağlayın.

d) Tereyağlı çöreği tavaya yerleştirin ve altın rengi kahverengi olana ve dışı hafif çıtır olana kadar kızartın. Bu, ıstakoz rulosuna lezzetli bir doku verecektir.

e) Çörek kızartıldıktan sonra tavadan çıkarın ve sosisli sandviç çöreği gibi açarak ıstakoz dolgusu için bir cep oluşturun.

f) Hazırlanan ıstakoz karışımını topuzun içine kaşıkla dökün ve cömertçe doldurun. Ayrıca bir marul yaprağı veya dilimlenmiş domates veya avokado gibi istediğiniz başka malzemeleri de ekleyebilirsiniz.

g) Istakoz rulosunu hemen servis edin ve bu nefis deniz ürünleri ikramının tadını çıkarın.

19.Yengeç ve Istakoz Izgara Peyniri

İÇİNDEKİLER:

- ½ bardak pişmiş ıstakoz eti
- ½ bardak pişmiş yengeç eti
- 2 yemek kaşığı tuzlu tereyağı, eritilmiş
- 1 çay kaşığı Eski Körfez Baharatı
- ½ çay kaşığı kıyılmış sarımsak
- 4 dilim Texas tost sarımsaklı ekmek
- 4 kalın dilim keskin kaşar peyniri
- 4 kalın dilim Havarti peyniri

TALİMATLAR:

a) Büyük bir karıştırma kabına ıstakozu, yengeci, eritilmiş tereyağını, Eski Körfez Baharatını ve sarımsağı atın. İyice karıştırdıktan sonra kaseyi bir kenara koyun.

b) Bir tabağa iki dilim Texas tostu koyun ve her birinin üstüne bir dilim çedar peyniri ve Havarti ekleyin. Deniz mahsulleri karışımını ikiye bölün ve yarısını her bir kızarmış ekmek dilimine ekleyin. Deniz ürünlerinin üzerine kalan peynir ve ekmek dilimlerini ekleyin.

c) Sandviçin her iki tarafını da altın kahverengi olana ve peynir eriyene kadar ızgara yapmak için bir sandviç presi veya sıcak tava kullanın. Servis yapın ve tadını çıkarın!

20.Istakoz Newburg

İÇİNDEKİLER:

- 1 lb ıstakoz eti, pişmiş ve doğranmış
- 4 yemek kaşığı tuzsuz tereyağı
- 4 yemek kaşığı çok amaçlı un
- 1 bardak süt
- ½ bardak ağır krema
- ¼ fincan kuru şeri
- ½ çay kaşığı tuz
- ¼ çay kaşığı acı biber
- 4 yumurta sarısı, çırpılmış
- ¼ bardak kıyılmış maydanoz

TALİMATLAR:

a) Tereyağını büyük bir tencerede orta ateşte eritin.
b) Unu ekleyip 1-2 dakika sürekli karıştırarak kavurun.
c) Karışım pürüzsüz hale gelinceye kadar yavaş yavaş sütü ve ağır kremayı sürekli karıştırarak çırpın.
ç) Şeri, tuz ve kırmızı biberi ekleyin ve birleştirmek için karıştırın.
d) Çırpılmış yumurta sarılarını yavaş yavaş sürekli karıştırarak ekleyin.
e) Karışımı kısık ateşte 3-4 dakika veya koyulaşana kadar pişirin.
f) Kıyılmış ıstakozu ve maydanozu karıştırın.
g) Kızartma noktalarının üzerinde sıcak servis yapın.

21.Soslu Zerdeçal Istakoz Thermidor

İÇİNDEKİLER:
- 3 yemek kaşığı tuzsuz kaju fıstığı, 10 dakika suda bekletilmiş
- 2 yemek kaşığı beyazlatılmış badem
- 1 çay kaşığı Zencefil-Sarımsak Salçası
- Serrano yeşil biberleri, çekirdekleri çıkarılmış ve kıyılmış
- 1 su bardağı yoğurt, çırpılmış
- 1½ pound pişmiş ıstakoz eti
- 2 çay kaşığı beyaz susam
- 3 yemek kaşığı Sade Tereyağı
- ½ çay kaşığı kırmızı toz biber
- 2 yemek kaşığı suya batırılmış beyaz haşhaş tohumu
- ¼ çay kaşığı zerdeçal tozu
- 1 tarçın çubuğu
- 1 siyah kakule kabuğu, çürük
- Tatmak için sofra tuzu
- 1 çay kaşığı Sıcak Baharat Karışımı
- 1 defne yaprağı
- karanfiller
- 1 yeşil kakule kabuğu, çürük

TALİMATLAR:
a) Kaju fıstıklarını, haşhaş tohumlarını, bademleri ve susam tohumlarını bir karıştırıcıda kalın bir macun elde edene kadar yeterli suyla karıştırın. Bir kenara koyun.
b) Tereyağını bir tavada ısıtın.
c) Tarçın çubuğunu, siyah kakule kabuğunu, defne yaprağını, karanfilleri ve yeşil kakule kabuğunu ekleyin.
ç) Baharatlar cızırdamaya başladığında Zencefil-Sarımsak Ezmesini, yeşil biberleri ve fındık ezmesini ekleyin.
d) Cızırtıyı durdurmak için 1 yemek kaşığı su ekleyin.
e) Kırmızı biber tozu, zerdeçal, yoğurt, ıstakoz, tuz ve baharat karışımını ekleyin.
f) Istakozu ekleyin ve ıstakoz iyice ısınana kadar sürekli karıştırarak kızartın.

22.Odun Fırını Istakoz kuyrukları

İÇİNDEKİLER:
- 2 ıstakoz kuyruğu
- 3 yemek kaşığı tereyağı, eritilmiş
- 1 çay kaşığı tuz
- 1 çay kaşığı karabiber
- 1 çay kaşığı sarımsak tozu
- 1 çay kaşığı kırmızı biber
- 1 çay kaşığı taze maydanoz, doğranmış
- 1 çay kaşığı limon suyu

TALİMATLAR:
a) Temiz bir makas veya mutfak makası ile kabuğun üst kısmının ortasından kuyruğun yüzgeçlerine doğru kesin ve düz bir çizgide kestiğinizden emin olun. Kuyruğun ucunu kesmeyin.

b) Eti bir kaşıkla kabuğun iki yanından ayırın, ardından eti yukarı kaldırıp kabuğun dışına çıkarın.

c) Eti iki kabuğun birleştiği yerin üzerine yerleştirin, ardından kabuğun iki tarafını birbirine bastırın.

d) İnce et tabakasının kenarlardan soyulmasını sağlamak için ıstakoz etinin ortasından küçük bir yarık kesin. Istakoz kuyruğu kendine özgü görünümünü bu şekilde kazanır.

d) Tereyağı, tuz, karabiber, sarımsak tozu, kırmızı biber, limon suyu ve maydanozu küçük bir kasede birleştirin, ardından karışımı ıstakoz etinin üzerine eşit şekilde fırçalayın.

a) Istakoz kuyruklarını bir dökme demir tavaya yerleştirin ve odun fırınında 12-15 dakika veya tamamen pişene ancak lastik gibi olmayana kadar pişirin.

23.Istakoz Kanton

İÇİNDEKİLER:
- 1 lb. Istakoz kuyrukları
- 1 diş sarımsak, kıyılmış
- 1 çay kaşığı Fermente siyah soya fasulyesi, durulanmış ve süzülmüş
- 2 yemek kaşığı Yağ
- ¼ lb. Kıyılmış domuz eti
- 1 ½ su bardağı Sıcak su
- 1 ½ yemek kaşığı Soya sosu
- 1 çay kaşığı MSG (isteğe bağlı)
- 2 yemek kaşığı Mısır Nişastası
- 2 yemek kaşığı Kuru şeri
- 1 yumurta
- 2 yemek kaşığı Su

HİZMET ETMEK
- Kişniş dalları
- Yeşil soğan bukleler
- Sıcak pişmiş Konjac pirinci veya Karnabahar pirinci

TALİMATLAR:
a) Bu çekici Çin yemeğini hazırlarken en iyi sonuçları elde etmek için ıstakoz parçalarını mümkün olduğu kadar çabuk pişirin. Sosa eklenen çırpılmış yumurta, sosun daha zengin ve kremalı olmasını sağlar.

b) Keskin bir bıçakla ıstakoz etini kabuğundan çıkarın ve madalyonlar halinde dilimleyin. Sarımsak ve siyah soya fasulyesini birlikte kıyın. Yağı bir wok veya tavada ısıtın ve sarımsak karışımını ekleyin. Birkaç saniye pişirin ve karıştırın. Domuz eti ekleyin ve eti parçalayana kadar karıştırarak yaklaşık 10 dakika pişirin. Eklemek

c) sıcak su, soya sosu ve MSG. Istakoz madalyonlarını ekleyin ve 2 dakika pişirin. Mısır nişastası ve şeriyi karıştırıp sosa karıştırın. Yumurtayı 3 yemek kaşığı suyla çırpın ve sosa karıştırın. Sürekli karıştırarak kısık ateşte 30 saniye pişirin. Sos kremsi olmalı fakat ağır olmamalıdır. Tabağın ortasına kaşıkla sos dökün. Soslu madalyonları dekoratif bir desenle düzenleyin. Garnitür

ç) kişniş ve yeşil soğan bukleleri ile. Her porsiyon için, bir kasedeki Konjac pirincinin üzerine birkaç ıstakoz madalyonu koyun.

d) Istakozun üzerine kaşıkla sos dökün.

24.Narenciye tereyağlı ıstakoz kuyrukları

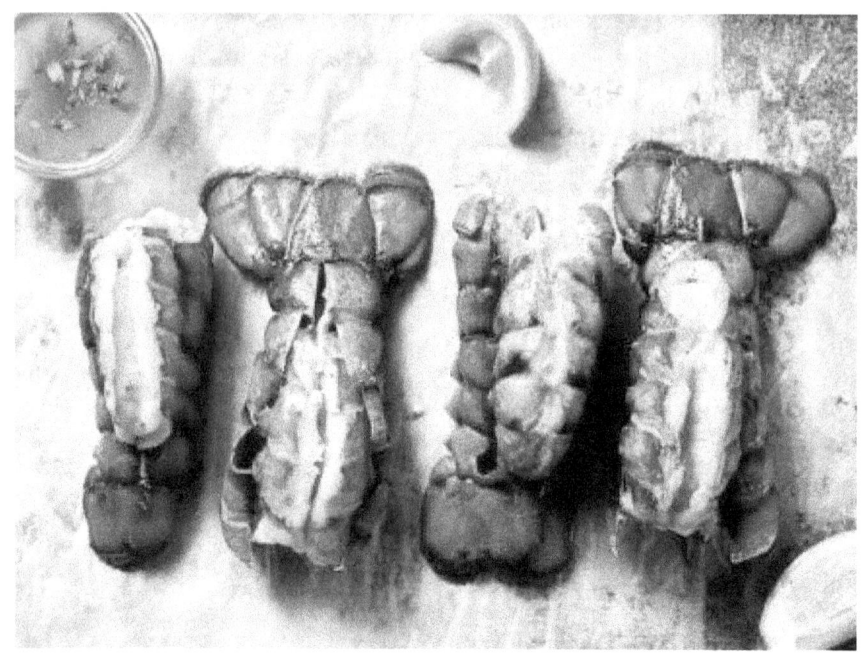

İÇİNDEKİLER:
- 16 ons Istakoz Kuyrukları, çözülmüş
- ½ bardak Su
- ¼ su bardağı Tereyağı veya Margarin
- 1 yemek kaşığı Limon Suyu
- ½ çay kaşığı Rendelenmiş Portakal Kabuğu
- ⅛ çay kaşığı Tuz
- Dash Öğütülmüş Zencefil
- Dash Kırmızı Biber

TALİMATLAR:

a) Kuyrukları kelebek tarzında açın, böylece et üstte olur. Sığ bir pişirme kabına dönün. Üstüne su dökün. Kapağı kapalı olarak %50 güçte 6 ila 8 dakika veya et opaklaşana kadar, tabağı her dakikada bir çeyrek tur döndürerek mikro pişirin.

b) 5 dakika boyunca üstü kapalı olarak bekletin

c) Bu arada tereyağı veya margarini, limon suyunu, portakal kabuğunu, tuzu, zencefili ve kırmızı biberi birleştirin. Mikroda, kapağı açık şekilde %100 güçte 1½ ila 2 dakika veya tereyağı eriyene kadar pişirin.

ç) İyice karıştırın. Istakoz kuyruklarını tereyağı karışımıyla gezdirin.

25.Siyah lychee çayı füme ıstakoz

İÇİNDEKİLER:

- 2 Maine ıstakozları
- 2 bardak Beyaz pirinç
- 2 bardak esmer şeker
- 2 bardak Siyah Lychee çayı
- 2 Olgun mango
- ½ fincan Jicama copları
- ½ fincan Nane şifonası
- ½ fincan Fesleğenli şifonat
- 1 fincan Beyazlatılmış maş fasulyesi iplikleri
- Yengeç balığı sosu
- 8 Pirinç kağıdı sayfaları

TALİMATLAR:

a) Derin otel tavasını çok sıcak olana kadar önceden ısıtın.

b) Derin tavaya pirinci, şekeri ve çayı ekleyin ve ıstakozu hemen sığ delikli tavaya yerleştirin.

c) Alüminyum folyo ile hızlıca kapatın. Sigara içen kişi sigara içmeye başladığında, ıstakozu 10 dakika boyunca kısık ateşte veya tamamen pişene kadar tütsüleyin. Istakozu soğutun ve ardından kuyruklarını uzun şeritler halinde dilimleyin.

ç) Jicama, nane, fesleğen ve fasulye ipliğini birleştirin ve balık sosuyla karıştırın.

d) Pirinç kağıdını ılık suyla ıslatın ve yumuşamış kağıdın üzerine karışımlardan bir miktar yerleştirin. Füme ıstakoz şeritleri ve mango dilimleri kakma.

e) Rulo yapın ve 10 dakika bekletin. Nemin içeride kalmasını sağlamak için ruloları tek tek plastik ambalajla sıkıca sarın.

26.Körili ıstakozlu risotto

İÇİNDEKİLER:
- 2 ıstakoz kuyruğu
- 1 ½ su bardağı Arborio pirinci
- 4 su bardağı deniz ürünleri veya sebze suyu
- 1 orta boy soğan, ince doğranmış
- 3 diş sarımsak, kıyılmış
- 2 yemek kaşığı zeytinyağı
- 1 yemek kaşığı köri tozu
- 1 bardak kuru beyaz şarap
- 1 su bardağı rendelenmiş parmesan peyniri
- 2 yemek kaşığı tereyağı
- Tatmak için biber ve tuz
- Kıyılmış taze kişniş veya maydanoz (garnitür için)

TALİMATLAR:

a) Istakoz kuyruklarını kaynar tuzlu suda, kabuklar parlak kırmızıya dönene ve et tamamen pişene kadar pişirin. Istakoz etini kabuklarından çıkarın ve ısırık büyüklüğünde parçalar halinde kesin. Bir kenara koyun.

b) Büyük bir tencerede zeytinyağını orta ateşte ısıtın. Doğranmış soğanı ve kıyılmış sarımsağı ekleyin ve soğan yarı saydam ve aromatik hale gelinceye kadar soteleyin.

c) Köri tozunu karıştırın ve lezzetinin ortaya çıkması için bir dakika daha pişirin.

ç) Arborio pirincini tencereye ekleyin ve taneleri soğan, sarımsak ve köri karışımıyla kaplayacak şekilde karıştırın.

d) Beyaz şarabı dökün ve pirinç tarafından emilinceye kadar karıştırın.

e) Her seferinde bir kepçe olacak şekilde et suyunu eklemeye başlayın, sürekli karıştırın ve daha fazlasını eklemeden önce her eklemenin emilmesini sağlayın.

f) Pirinç al dente pişene ve kremsi bir dokuya sahip olana kadar bu işleme devam edin (bu genellikle yaklaşık 20-25 dakika sürer).

g) Rendelenmiş Parmesan peyniri ve tereyağını karıştırın ve tuz ve karabiberle tatlandırın. Peynir ve tereyağı eriyip risottoya karışıncaya kadar iyice karıştırın.

ğ) Pişmiş ıstakoz etini yavaşça katlayarak risottoya eşit şekilde dağılmasını sağlayın. Istakoz iyice ısınana kadar 2-3 dakika daha pişirin.

h) Ateşten alın ve risottoyu birkaç dakika dinlendirin.

ı) Körili ıstakozlu risottoyu taze kişniş veya maydanozla süsleyerek kaselerde servis edin.

27.Istakoz Mac ve Peynir

İÇİNDEKİLER:
- 1 yemek kaşığı zeytinyağı
- 3 ıstakoz kuyruğu, uzunlamasına ikiye bölünmüş ve tasarlanmış
- 3 Yemek kaşığı tereyağı
- 2 Yemek kaşığı un
- 1 ½ bardak yarım buçuk
- ½ bardak süt
- ¼ çay kaşığı kırmızı biber
- ¼ çay kaşığı biber tozu
- Tatmak için tuz
- ¼ çay kaşığı Worcestershire sosu
- ½ su bardağı rendelenmiş kaşar peyniri
- 3 yemek kaşığı rendelenmiş gravyer peyniri
- 1 su bardağı hazırlanmış dirsek makarna
- ½ bardak Panko galeta unu
- ¼ su bardağı eritilmiş tereyağı
- 5 Yemek kaşığı rendelenmiş parmesan peyniri

TALİMATLAR
a) Fırını önceden 400 dereceye ısıtın.
b) İki gratin kabını yapışmaz spreyle kaplayın
c) Yağı bir tavada ısıtın ve ıstakoz kuyruklarını orta ateşte 2 dakika kızartın.
ç) Istakozları soğumaya bırakın ve eti kabuklarından ayırın.
d) Eti doğrayın ve kabuklarını atın.
e) Tereyağını eritmek için aynı tavayı kullanın.
f) Unu karıştırarak bir meyane oluşturun ve 1 dakika karıştırmaya devam edin.
g) Yarısını ve sütü dökün ve 3 dakika karıştırmaya devam edin.
ğ) Sıvıyı kaynamaya bırakın ve kırmızı biber, kırmızı toz biber, tuz ve Worcestershire Sosunu ekleyin.
h) 4 dakika kaynamaya bırakın.
ı) Kaşar ve Gruyere peynirlerini ekleyip 5 dakika, peynir eriyene kadar karıştırın.
i) Makarnayı peynir sosuna ekleyin ve ıstakoz parçalarını yavaşça karıştırın.
j) Her iki gratin kabını da makarna ve peynir karışımıyla doldurun.
k) Panko, eritilmiş tereyağı ve parmesan peynirini bir kasede birleştirin.
l) Karışımı makarna ve peynirin üzerine gezdirin.
m) Mac ve peyniri 15 dakika pişirin.

28.Istakoz ve Karidesli Lazanya

İÇİNDEKİLER:
- 9 lazanya eriştesi
- 1 kiloluk pişmiş ıstakoz eti, doğranmış
- 1 kiloluk pişmiş karides, soyulmuş ve ayrılmış
- 2 yemek kaşığı tereyağı
- ½ su bardağı doğranmış soğan
- 2 diş sarımsak, kıyılmış
- ¼ bardak çok amaçlı un
- 2 bardak süt
- 1 su bardağı deniz ürünleri suyu
- 1 su bardağı rendelenmiş mozarella peyniri
- ½ su bardağı rendelenmiş parmesan peyniri
- ¼ bardak doğranmış taze maydanoz
- Tatmak için biber ve tuz

TALİMATLAR:

a) Fırınınızı 190°C'ye (375°F) önceden ısıtın ve 9x13 inçlik bir pişirme kabını hafifçe yağlayın.

b) Lazanya eriştelerini paket talimatlarına göre pişirin. Drenaj yapın ve bir kenara koyun.

c) Büyük bir tavada, orta ateşte tereyağını eritin. Doğranmış soğanı ve kıyılmış sarımsağı ekleyip yumuşayana kadar soteleyin.

ç) Unu soğan ve sarımsak karışımının üzerine serpin ve sürekli karıştırarak 1-2 dakika pişirin. Yavaş yavaş süt ve deniz ürünleri suyunu ekleyerek çırpın. Sos koyulaşana kadar pişirmeye devam edin.

d) Rendelenmiş mozzarella peynirini ve rendelenmiş Parmesan peynirini eriyip pürüzsüz hale gelinceye kadar karıştırın.

e) Kıyılmış ıstakoz etini, pişmiş karidesleri ve doğranmış maydanozu sosa ekleyin. Tatmak için tuz ve karabiber ekleyin. Birleştirmek için karıştırın.

f) Fırın kabının tabanına ince bir tabaka deniz ürünleri sosu sürün. Üstüne üç lazanya erişte yerleştirin.

g) Deniz mahsulleri karışımından bir tabakayı eriştelerin üzerine yayın. Katmanları üç lazanya eriştesi ve daha fazla deniz ürünleri karışımıyla tekrarlayın.

ğ) Kalan üç lazanya eriştesini üstüne koyun ve kalan deniz ürünleri sosunu üstüne dökün.

h) Üzerine ilave rendelenmiş Parmesan peyniri serpin.

ı) Fırın tepsisini folyo ile örtün ve 25 dakika pişirin.

i) Folyoyu çıkarın ve peynir eriyip kabarcıklanıncaya kadar 10 dakika daha pişirin.

j) Servis yapmadan önce birkaç dakika soğumasını bekleyin.

29.Istakoz şehriye güveç

İÇİNDEKİLER:
- 2 taze ıstakoz
- 3 yemek kaşığı tuz
- ½ çay kaşığı tuz
- 3 yemek kaşığı tereyağı
- 1 arpacık soğanı
- 1 yemek kaşığı domates salçası
- 3 diş sarımsak
- ¼ c. Brendi
- ½ c. yoğun krema
- çay kaşığı taze çekilmiş karabiber
- ½ lb. yumurtalı erişte
- 1 yemek kaşığı taze limon suyu
- 6 dal kekik

TALİMATLAR:

a) İstakozları pişirin:

b) Büyük bir kaseyi yarısına kadar buz ve suyla doldurun ve bir kenara koyun. Büyük bir tencerede su ve 3 yemek kaşığı tuzu kaynatın ve ıstakozları uzun saplı maşayla başları suya daldırın. Isıyı en aza indirin ve üstü kapalı olarak 4 dakika pişirin. İstakozları boşaltın ve soğumaları için hazırlanan buz banyosuna koyun. Kabukları kırıp kuyruk ve pençe etlerini çıkarın. Kabukları rezerve edin. Kuyruk etini yarım santim kalınlığında madalyonlar halinde, pençe etini de büyük parçalar halinde kesip bir kenara koyun.

c) Güveçleri pişirin:

ç) Fırını 350°F'ye önceden ısıtın. Dört adet 1 fincan kapasiteli pişirme kabını veya bir adet 9 inçlik yuvarlak pişirme kabını 1 çorba kaşığı tereyağıyla hafifçe kaplayın ve bir kenara koyun. Kalan tereyağını orta boy bir tavada, orta ateşte eritin.

d) Arpacık soğanı ekleyin ve yumuşayana kadar pişirin. Ayırdığınız kabukları, salçayı ve sarımsağı ekleyip sürekli karıştırarak 5 dakika pişirin.

e) Tavayı ocaktan alın ve brendiyi ekleyin. Tekrar ateşe alın ve sürekli karıştırarak karışımı kaynatın. Isıyı orta-düşük seviyeye indirin, 1 ½ bardak su ekleyin ve hafifçe koyulaşana kadar yaklaşık 15 dakika pişirin. Karışımı süzün ve kremayı, kalan tuzu ve karabiberi ekleyip karıştırın.

f) Yumurtalı erişteyi, ıstakoz etini ve limon suyunu ekleyin ve kaplayın. Karışımı hazırlanan pişirme kaplarına eşit olarak bölün, üzerini folyo ile örtün ve ıstakoz tamamen pişene ve erişteler sıcak olana kadar yaklaşık 20 dakika pişirin.

g) Kekik dallarıyla süsleyip hemen servis yapın.

30. Deniz Ürünlü Makarna Güveç

İÇİNDEKİLER:

- ¼ bardak zeytinyağı
- 1 pound taze kuşkonmaz, kesilmiş ve 1 inçlik parçalar halinde kesilmiş
- 1 su bardağı doğranmış yeşil soğan
- 1 yemek kaşığı. kıyılmış sarımsak
- 16 onsluk paket. linguine eriştesi, pişirilmiş ve süzülmüş
- 1 pound orta boy karides, pişmiş, soyulmuş ve ayrılmış
- 8 ons yengeç eti, pişmiş
- 8 ons taze ıstakoz, pişmiş
- 8 ons kutu siyah zeytin, süzülmüş

TALİMATLAR:

a) Fırını 350°'ye önceden ısıtın. Yapışmaz pişirme spreyi ile 4 litrelik bir güveç kabına püskürtün. Orta ateşteki tavaya zeytinyağını ekleyin.

b) Yağ ısınınca kuşkonmazı, yeşil soğanı ve sarımsağı ekleyin. 5 dakika soteleyin.

c) Tavayı ocaktan alıp sebzeleri ve zeytinyağını güveç kabına ekleyin.

ç) Güveç kabına linguine noodle'ları, yengeçleri, ıstakozları ve siyah zeytinleri ekleyin.

d) Birleştirilene kadar atın. 30 dakika veya güveç sıcak olana kadar pişirin.

e) Fırından çıkarıp servis yapın.

31. Istakoz ve enginarlı papyonlu makarna

İÇİNDEKİLER:

- 8 ons papyon makarna
- 2 ıstakoz kuyruğu, pişmiş ve eti çıkarılmış
- 1 su bardağı enginar kalbi, suyu süzülmüş ve doğranmış
- 2 yemek kaşığı tereyağı
- 2 diş sarımsak, kıyılmış
- ½ bardak tavuk veya sebze suyu
- ½ bardak ağır krema
- ¼ su bardağı rendelenmiş parmesan peyniri
- 1 yemek kaşığı taze limon suyu
- Tatmak için biber ve tuz
- Kıyılmış taze maydanoz (süslemek için)

TALİMATLAR:

a) Fiyonklu makarnayı paketteki talimatlara göre al dente'ye kadar pişirin. Drenaj yapın ve bir kenara koyun.

b) Büyük bir tavada, orta ateşte tereyağını eritin. Kıyılmış sarımsağı ekleyin ve kokusu çıkana kadar yaklaşık bir dakika soteleyin.

c) Enginar kalplerini tavaya ekleyin ve ara sıra karıştırarak 2-3 dakika pişirin.

ç) Istakoz etini tavaya ekleyin ve enginarlarla birleşinceye kadar hafifçe karıştırarak 2 dakika daha pişirin.

d) Tavuk veya sebze suyunu ekleyip kaynamaya bırakın. Et suyu biraz azalıncaya kadar birkaç dakika pişmesine izin verin.

e) Isıyı en aza indirin ve ağır kremayı, Parmesan peynirini ve limon suyunu karıştırın. Tatmak için tuz ve karabiber ekleyin. 3-4 dakika hafifçe karıştırarak tatların birbirine karışmasını sağlayın.

f) Pişmiş fiyonklu makarnayı tavaya ekleyin ve makarna sosla iyice kaplanana kadar her şeyi birlikte atın.

g) Ateşten alıp kıyılmış maydanozla süsleyin.

ğ) Papyonlu makarnayı ıstakoz ve enginarla birlikte, henüz sıcakken hemen servis edin. Yanına salata ya da çıtır ekmekle eşlik edebilirsiniz.

32.Safran suyunda kabuklu deniz ürünleri mantısı

İÇİNDEKİLER:
- ¾ pound ıstakoz eti
- 4 yumurta
- ¼ bardak Ağır krema
- ½ su bardağı yumuşak beyaz ekmek kırıntısı
- ½ çay kaşığı Tuz
- ½ çay kaşığı Taze çekilmiş beyaz biber
- 2 yemek kaşığı kıyılmış taze tarhun yaprağı
- 1 paket Wonton ambalajı
- 4 su bardağı Balık suyu
- ½ çay kaşığı Safran ipleri
- 1 küçük ila orta boy domates, doğranmış
- Tarhun veya frenk soğanı gibi doğranmış taze otlar

TALİMATLAR:
a) Bir mutfak robotuna ıstakoz etini ve 3 yumurtayı koyun.
b) Deniz ürünleri kabaca kıyılana kadar metal bıçağın darbesiyle. Yanları kazıyın.
c) Kremayı, ekmek kırıntılarını, tuzu ve karabiberi ekleyin ve birleştirmek için nabız atın. Kremayı fazla işlemeyin, aksi halde tanecikli hale gelir, hatta tereyağına dönüşür.
ç) Karışımı bir kaseye alın ve doğranmış tarhun yapraklarını ekleyip bir spatula ile karıştırın.
d) 1 wonton derisini bir tahtaya yerleştirin. Sıkma torbası veya çay kaşığı kullanarak ortasına yaklaşık 1 çay kaşığı iç malzemeden koyun. Küçük bir kapta kalan yumurtayı 3 yemek kaşığı suyla birleştirin. İkinci bir wonton derisini yumurta yıkama karışımıyla fırçalayın ve dolgunun üzerine koyun, sıkışmış havayı çıkarmak ve wonton derilerinin kenarlarını kapatmak için parmaklarınızla hafifçe bastırın.
e) Pişmemiş mantı, kapalı bir kapta buzdolabında 2 güne kadar, dondurucuda ise birkaç hafta saklanabilir. Dondurmak için mantıyı mumlu kağıtla kaplı bir tepsiye tek kat halinde koyun ve donana kadar dondurucuya koyun. Daha sonra çıkarılabilir ve bir hamur torbasında saklanabilir.
f) Bir tencerede balık suyunu kaynatın, ısıyı azaltın ve safranı ekleyin. Mantıyı pişirmeye başlarken 5 dakika kaynatmaya devam edin.
g) Pişirmek için mantıyı kaynar tuzlu suya koyun ve yüzmeye başlayıncaya kadar kaynatmaya devam edin (taze mantı için yaklaşık 2 ila 3 dakika, dondurulmuş mantı için 5 ila 6 dakika).
ğ) Süzün ve 4 kaseye bölün. Her kaseye ½ bardak balık suyu ekleyin, ardından biraz doğranmış domates ve tarhun veya frenk soğanı gibi biraz doğranmış taze otlarla süsleyin.
h) Sıcak servis yapın.

33.Çin Istakoz Yahnisi

İÇİNDEKİLER:
- 2 canlı ıstakoz (her biri yaklaşık 1,5 pound)
- 2 yemek kaşığı bitkisel yağ
- 2 diş sarımsak, kıyılmış
- 1 inçlik zencefil parçası, soyulmuş ve rendelenmiş
- 1 soğan, ince dilimlenmiş
- 1 kırmızı dolmalık biber, ince dilimlenmiş
- 1 yeşil dolmalık biber, ince dilimlenmiş
- 1 havuç, ince dilimlenmiş
- 1 su bardağı tavuk suyu
- 2 yemek kaşığı soya sosu
- 1 yemek kaşığı istiridye sosu
- 1 yemek kaşığı mısır nişastası, 2 yemek kaşığı suda eritilmiş
- 1 yemek kaşığı susam yağı
- Tatmak için biber ve tuz
- Garnitür için doğranmış yeşil soğan

TALİMATLAR:

a) Istakozları dondurucuda 20-30 dakika kadar bekleterek hazırlayın. Bu, pişirmeden önce onları sakinleştirmeye yardımcı olacaktır.

b) Büyük bir tencereye su doldurun ve kaynatın. Kaynayan suya tuz ekleyin.

c) Istakozları dikkatlice kaynayan suya koyun ve yaklaşık 8-10 dakika veya kabukları parlak kırmızıya dönene kadar pişirin.

ç) Istakozları tencereden çıkarın ve hafifçe soğumalarını bekleyin. Soğuduktan sonra eti kabuklarından çıkarın ve ısırık büyüklüğünde parçalar halinde kesin. Bir kenara koyun.

d) Büyük bir wok veya tavada bitkisel yağı orta ateşte ısıtın.

e) Kıyılmış sarımsağı ve rendelenmiş zencefili sıcak yağa ekleyin ve kokusu çıkana kadar yaklaşık 1 dakika kadar karıştırarak kavurun.

f) Wok'a dilimlenmiş soğanı, kırmızı ve yeşil biberi ve havucu ekleyin. Sebzeler hafif yumuşayana kadar 2-3 dakika karıştırarak kavurun.

g) Küçük bir kapta tavuk suyu, soya sosu ve istiridye sosunu birlikte çırpın. Bu karışımı sebzelerin bulunduğu wok tavaya dökün.

ğ) Karışımı kaynama noktasına getirin ve tatların birbirine karışması için yaklaşık 5 dakika pişmesine izin verin.

h) Sosu kalınlaştırmak için çözünmüş mısır nişastası karışımını karıştırın.

ı) Pişmiş ıstakoz etini wok'a ekleyin ve birleştirmek için yavaşça karıştırın.

i) Istakoz iyice ısınana kadar 2-3 dakika daha pişirin.

j) Susam yağını güveç üzerine gezdirin ve tuz ve karabiberle tatlandırın.

k) Doğranmış yeşil soğanlarla süsleyin.

l) Çin Istakoz Güvecini buharda pişirilmiş pirinç veya erişte ile sıcak olarak servis edin.

m) Bu lezzetli ve rahatlatıcı Çin esintili ıstakoz yemeğinin leziz lezzetlerinin tadını çıkarın.

34.Istakoz-Domates Bisque

İÇİNDEKİLER:

- 1 yemek kaşığı zeytinyağı
- 4-6 diş sarımsak, ince doğranmış
- 1 sap kereviz, ince doğranmış
- 1 küçük tatlı beyaz soğan, ince doğranmış
- 1 orta boy domates, doğranmış
- 1½–1¾ kiloluk ıstakoz
- 2 bardak tam yağlı süt
- 1 su bardağı domates sosu
- ½ bardak ağır krema
- ½ bardak Balık Suyu
- 4 yemek kaşığı (½ çubuk) tuzsuz tereyağı
- 2 yemek kaşığı ince kıyılmış taze maydanoz
- 1 çay kaşığı taze çekilmiş karabiber

TALİMATLAR:

a) Yağı büyük bir tencerede orta-yüksek ateşte ısıtın. Sarımsak, kereviz ve soğanı ekleyin ve karıştırarak 8 ila 10 dakika pişirin. Domatesleri ekleyin.

b) Istakozu kesme tahtasının üzerine sırt üstü yatırın. Kabuğu kesmeden kuyruğun ortasından neredeyse uca kadar bir kesi yapın; kuyruğu ayırın.

c) Istakozu 15 ila 18 dakika boyunca kabuk tarafı aşağı bakacak şekilde, kapağı kapalı olarak ızgaralayın. Istakozu ızgaradan tekrar kesme tahtasına aktarın ve etini ve tomalleyini çıkarın. Kabuğu atın ve eti bir kenara koyun.

ç) Sütü, domates sosunu, kremayı, et suyunu ve tereyağını sebzelerle birlikte tencerede kaynatın. Isıyı en aza indirin. Sık sık karıştırarak 10 dakika pişirin.

d) Istakoz eti ve tomalley ile maydanoz ve biberi ekleyin. Kapağı kapatın ve mümkün olan en düşük ateşte 4 ila 5 dakika pişirin .

35.Düğme mantarları ve ıstakoz

İÇİNDEKİLER:

- 2 ıstakoz kuyruğu, pişmiş ve eti çıkarılmış
- 8 ons düğme mantarı, dilimlenmiş
- 2 yemek kaşığı tereyağı
- 2 diş sarımsak, kıyılmış
- ¼ bardak sek beyaz şarap
- ½ bardak tavuk veya sebze suyu
- ½ bardak ağır krema
- 1 yemek kaşığı taze limon suyu
- Tatmak için biber ve tuz
- Kıyılmış taze maydanoz (süslemek için)

TALİMATLAR:

a) Büyük bir tavada, orta ateşte tereyağını eritin. Kıyılmış sarımsağı ekleyin ve kokusu çıkana kadar yaklaşık bir dakika soteleyin.

b) Dilimlenmiş düğme mantarlarını tavaya ekleyin ve ara sıra karıştırarak, altın rengi kahverengi ve yumuşak oluncaya kadar 4-5 dakika pişirin.

c) Beyaz şarabı dökün ve tavayı yağdan arındırın, alttan kahverengileşmiş parçaları kazıyın. Şarabın biraz azalması için bir veya iki dakika pişmesine izin verin.

ç) Tavuk veya sebze suyunu tavaya ekleyin ve kaynamaya bırakın. Tatların birbirine karışması için 2-3 dakika pişirin.

d) Isıyı en aza indirin ve ağır kremayı ve limon suyunu karıştırın. Tatmak için tuz ve karabiber ekleyin. Sosun hafifçe koyulaşmasına izin vererek 3-4 dakika hafifçe pişirin.

e) Pişmiş ıstakoz etini tavaya ekleyin ve yavaşça karıştırarak mantar ve sosla birleştirin. Bir veya iki dakika boyunca ısınmasına izin verin.

f) Ateşten alıp kıyılmış maydanozla süsleyin.

g) Düğme mantarlarını ve ıstakozu henüz sıcakken hemen servis edin. Bu yemek buharda pişirilmiş pilav, çıtır ekmek veya makarnayla iyi gider.

36.Istakoz ve Mango Salatası

İÇİNDEKİLER:

- 2 ıstakoz kuyruğu, pişmiş ve eti çıkarılmış
- 1 olgun mango, doğranmış
- ¼ bardak kırmızı dolmalık biber, doğranmış
- ¼ bardak salatalık, doğranmış
- 2 yemek kaşığı doğranmış taze nane
- 1 misket limonunun suyu
- 1 yemek kaşığı bal
- Tatmak için biber ve tuz
- Servis için tereyağlı marul yaprakları

TALİMATLAR:

a) Istakoz etini ısırık büyüklüğünde parçalar halinde doğrayın.

b) Bir kasede doğranmış mangoyu, kırmızı dolmalık biberi, salatalık ve doğranmış naneyi birleştirin.

c) Kıyılmış ıstakoz etini kaseye ekleyin.

ç) Ayrı küçük bir kapta limon suyunu, balı, tuzu ve karabiberi birlikte çırpın.

d) Pansumanı ıstakoz karışımının üzerine dökün ve yavaşça kaplayın.

e) Istakoz ve mango salatasını tereyağlı marul yaprakları üzerinde servis edin.

f) Tropikal esintili bu ıstakoz salatasının tatlı ve keskin lezzetlerinin tadını çıkarın.

37.Istakoz Sezar Salatası

İÇİNDEKİLER:
- 2 ıstakoz kuyruğu, pişmiş ve eti çıkarılmış
- 4 su bardağı doğranmış marul
- ¼ su bardağı rendelenmiş parmesan peyniri
- ¼ bardak kruton
- Servis için Sezar sosu

TALİMATLAR:
a) Istakoz etini ısırık büyüklüğünde parçalar halinde doğrayın.
b) Büyük bir kapta doğranmış marul, rendelenmiş Parmesan peyniri ve krutonları birleştirin.
c) Kıyılmış ıstakoz etini kaseye ekleyin.
ç) Üzerine Sezar sosu gezdirin veya sosu yanında servis edin.
d) Tatları birleştirmek için malzemeleri servis yapmadan hemen önce bir araya getirin.
e) Zengin ıstakoz etinin klasik Sezar salatası lezzetleriyle birleşiminin keyfini çıkarın.

38.Istakoz şifonatı

İÇİNDEKİLER:

- 2 ıstakoz kuyruğu, pişmiş ve eti çıkarılmış
- Seçtiğiniz taze otlar (fesleğen, tarhun veya frenk soğanı gibi)
- Limon dilimleri (servis için)

TALİMATLAR:

a) Pişmiş ıstakoz etini alın ve tüm kabukları veya kıkırdakları çıkarın. Istakoz etinin pişirildiğinden ve soğutulduğundan emin olun.

b) Istakoz etini alın ve dikkatlice ince şeritler halinde dilimleyin. Bunu başarmak için keskin bir bıçak veya mutfak makası kullanabilirsiniz.

c) Istakozun lezzetini iyi tamamlayan fesleğen, tarhun veya frenk soğanı gibi istediğiniz taze otları seçin. Bitkilerin yapraklarını üst üste dizin.

ç) Yığılmış otları sıkı bir şekilde puro şekline getirin.

d) Keskin bir bıçak kullanarak, sardığınız otları ince şeritler halinde dilimleyin. Bu şifalı bitkilerden oluşan bir şifonat yaratacaktır.

e) Istakoz şifonatını ve bitki şifonatını bir kasede birleştirin ve yavaşça birbirine fırlatın.

f) Istakoz ve otlardan oluşan şifonayı çeşitli yemekler için üst malzeme veya garnitür olarak servis edin. Salataları, makarna yemeklerini veya deniz ürünleri preparatlarını zenginleştirmek için kullanılabilir.

g) Parlaklık katmak ve lezzeti arttırmak için servis yapmadan önce ıstakoz şifonatının üzerine taze limon suyunu sıkın.

39.Fesleğenli ıstakoz tabbouleh

İÇİNDEKİLER:
- 2 ıstakoz kuyruğu
- 1 su bardağı bulgur
- 2 su bardağı kaynar su
- 1 su bardağı kiraz domates, ikiye bölünmüş
- 1 salatalık, doğranmış
- ½ kırmızı soğan, ince doğranmış
- ½ bardak taze fesleğen yaprağı, doğranmış
- ¼ bardak taze maydanoz, doğranmış
- ¼ bardak taze nane yaprağı, doğranmış
- 1 limonun suyu
- 3 yemek kaşığı sızma zeytinyağı
- Tatmak için biber ve tuz

TALİMATLAR:

a) Istakoz kuyruklarını kaynar tuzlu suda, kabuklar parlak kırmızıya dönene ve et tamamen pişene kadar pişirin. Istakoz etini kabuklarından çıkarın ve lokma büyüklüğünde doğrayın. Bir kenara koyun.

b) Bulguru geniş bir kaseye koyun ve üzerine kaynar suyu dökün. Kaseyi temiz bir mutfak havlusuyla örtün ve bulgur buğdayını yumuşayana kadar yaklaşık 20 dakika bekletin.

c) Bulgurun fazla suyunu süzüp servis kasesine aktarın.

ç) Bulgurun olduğu kaseye çeri domatesleri, doğranmış salatalıkları, ince kıyılmış kırmızı soğanı, doğranmış fesleğen yapraklarını, doğranmış maydanozu ve doğranmış nane yapraklarını ekleyin.

d) Küçük bir kapta limon suyunu, sızma zeytinyağını, tuzu ve karabiberi birlikte çırpın. Pansumanı tabbouleh karışımının üzerine dökün ve iyice birleşene kadar her şeyi bir arada karıştırın.

e) Kıyılmış ıstakoz etini tabbouleh boyunca eşit şekilde dağıtıldığından emin olarak yavaşça katlayın.

f) Tatların birbirine karışmasını sağlamak için tabbouleh'i yaklaşık 10-15 dakika bekletin.

g) Servis yapmadan hemen önce, tabbouleh'e kasenin dibine yerleşmiş olabilecek sosları eklemek için son bir kez atın.

ğ) Istakoz tabbouleh'ini ilave taze fesleğen yapraklarıyla süsleyin.

h) Istakoz tabbouleh'i canlandırıcı bir ana yemek veya lezzetli bir garnitür olarak servis edin. Izgara deniz ürünleri veya tavukla iyi uyum sağlar.

KARİDES

40.Bouillabaisse ısırıkları

İÇİNDEKİLER:

- 24 orta boy Karides, soyulmuş ve Geliştirilmiş
- 24 orta boy Deniz tarağı
- 2 su bardağı domates sosu
- 1 kutu Kıyılmış istiridye (6-½ oz)
- 1 yemek kaşığı Pernod
- 20 Mililitre
- 1 Defne yaprağı
- 1 çay kaşığı Fesleğen
- ½ çay kaşığı Tuz
- ½ çay kaşığı Taze çekilmiş karabiber
- Sarımsak, kıyılmış
- Safran

TALİMATLAR:

a) Şiş başına 1 karides ve 1 deniz tarağı kullanarak 8 inçlik bambu şişlerde karides ve deniz tarağı şiş; karidesin kuyruğunu deniz tarağının etrafına sarın.

b) Bir tencerede domates sosu, istiridye, Pernod, sarımsak, defne yaprağı, fesleğen, tuz, karabiber ve safranı karıştırın. Karışımı kaynamaya getirin.

c) Şiş balıkları sığ bir fırın tepsisine dizin.

d) Sosu şişlerin üzerine gezdirin. Kapağı açık olarak 350 derecede 25 dakika pişirin.

41.Linguine ve Karides Scampi

İÇİNDEKİLER:
- 1 paket linguine makarna
- ¼ fincan tereyağı
- 1 adet doğranmış kırmızı dolmalık biber
- 5 diş kıyılmış sarımsak
- 45 adet soyulmuş ve ayıklanmış büyük çiğ karides ½ fincan sek beyaz şarap ¼ fincan tavuk suyu
- 2 Yemek kaşığı limon suyu
- ¼ bardak tereyağı
- 1 çay kaşığı ezilmiş kırmızı biber gevreği
- ½ çay kaşığı safran
- ¼ bardak kıyılmış maydanoz
- Tatmak için tuz

TALİMATLAR:
a) Makarnayı paketteki talimatlara göre pişirin , bu işlem yaklaşık 10 dakika sürecektir.
b) Suyu boşaltın ve bir kenara koyun.
c) Büyük bir tavada tereyağını eritin.
ç) Biberleri ve sarımsakları tavada 5 dakika pişirin.
d) Karidesleri ekleyin ve 5 dakika daha sotelemeye devam edin.
e) Karidesleri bir tabağa alın, ancak sarımsak ve biberi tavada bırakın.
f) Beyaz şarabı, et suyunu ve limon suyunu kaynatın.
g) Karidesleri 14 bardak daha iyi bir şeyle tavaya geri koyun.
ğ) Kırmızı biber gevreğini, safranı ve maydanozu ekleyin ve tuzla tatlandırın.
h) Makarnayla karıştırdıktan sonra 5 dakika kadar pişirin.

42. Safran Allioli Tostları Üzerinde Karides a la Plancha

İÇİNDEKİLER:
Allioli
- 1 Büyük tutam safran
- 1 büyük yumurta sarısı
- 1 diş sarımsak, ince doğranmış
- 1 çay kaşığı koşer tuzu
- 1 bardak sızma zeytinyağı, tercihen İspanyol yağı
- 2 çay kaşığı limon suyu ve gerekirse daha fazlası

KARİDES
- Dört ½ inç kalınlığında köy ekmeği dilimleri
- 2 yemek kaşığı kaliteli sızma zeytinyağı, tercihen İspanyol yağı
- 1½ pound jumbo
- 20'li soyulmuş karides
- Kaşer tuzu
- 2 limon yarıya bölünmüş
- 3 diş sarımsak, ince doğranmış
- 1 çay kaşığı taze çekilmiş karabiber
- 1 bardak kuru şeri
- 2 yemek kaşığı kabaca doğranmış düz yapraklı maydanoz

TALİMATLAR:

a) Aioli'yi hazırlayın: Orta ateşte ayarlanmış küçük bir tavada safranı kırılgan hale gelinceye kadar 15 ila 30 saniye kızartın.

b) Küçük bir tabağa alıp kaşığın tersiyle ezin. Orta boy bir kaseye safranı, yumurta sarısını, sarımsağı ve tuzu ekleyin ve iyice birleşene kadar kuvvetlice çırpın.

c) Aioli kalınlaşmaya başlayıncaya kadar, eklemeler arasında iyice çırparak zeytinyağını birkaç damla eklemeye başlayın, ardından kalan yağı çok yavaş ve sabit bir akışla karışıma dökün, aioli'yi kalın ve kremsi hale gelinceye kadar çırpın.

ç) Limon suyunu ekleyin, tadın ve gerektiği kadar limon suyu ve tuzla ayarlayın. Küçük bir kaseye aktarın, plastik ambalajla örtün ve soğutun.

d) Kızartmaları hazırlayın: Fırın rafını en üst konuma ve ızgarayı da yükseğe ayarlayın. Ekmek dilimlerini kenarlı bir fırın tepsisine yerleştirin ve ekmeğin her iki tarafını da 1 çorba kaşığı yağla fırçalayın.

e) Ekmeği altın kahverengi olana kadar yaklaşık 45 saniye kızartın. Ekmeği ters çevirin ve diğer tarafını da 30 ila 45 saniye daha uzun süre kızartın (piliç yoğunluğu değiştikçe piliçleri yakından izleyin). Ekmeği fırından çıkarın ve her dilimi bir tabağa koyun.

f) Büyük bir kaseye karidesleri yerleştirin. Karidesin kavisli sırtına sığ bir yarık açmak için bir soyma bıçağı kullanın, damarı çıkarın (varsa) ve kabuğu sağlam bırakın. Büyük, ağır tabanlı bir tavayı orta-yüksek ateşte neredeyse duman çıkana kadar 1½ ila 2 dakika ısıtın.

g) Kalan 1 yemek kaşığı yağı ve karidesleri ekleyin. Karidesin üzerine bir tutam tuz ve yarım limonun suyunu serpin ve karidesler kıvrılmaya başlayana ve kabuğun kenarları kahverengileşene kadar 2 ila 3 dakika pişirin.

ğ) Karidesleri çevirmek için maşa kullanın, biraz daha tuz serpin ve diğer yarım limonun suyunu serpin ve karidesler parlak pembe olana kadar, yaklaşık 1 dakika daha pişirin. Tavanın ortasını havuz gibi açıp sarımsak ve karabiberi ekleyip karıştırın; Sarımsağın kokusu çıkınca, yaklaşık 30 saniye sonra şeri ekleyin, kaynatın ve sarımsak-şeri karışımını karidesin içine karıştırın.

h) Karıştırıp pişirin ve tavanın dibindeki kahverengi parçaları sosun içine kazıyın. Isıyı kapatın ve başka bir yarım limonun suyunu sıkın. Kalan limonun yarısını dilimler halinde dilimleyin.

ı) Her dilim ekmeğin üstünü cömert bir kaşık dolusu safranlı aioli ile yayın. Karidesleri tabaklara paylaştırın ve her porsiyonun üzerine biraz sos dökün. Maydanoz serpin ve limon dilimleri ile servis yapın.

43.Bombay Maymunbalığı

İÇİNDEKİLER:

- 1 kiloluk maymunbalığı, derisi yüzülmüş
- Üzerini kaplayacak kadar süt
- ¼ pound kabuklu karides
- 2 yumurta
- 3 yemek kaşığı domates salçası ½ çay kaşığı köri tozu
- 2 çay kaşığı limon suyu
- ¼ çay kaşığı taze biberiye, doğranmış
- 1 tutam safran veya zerdeçal ¾ bardak hafif krema
- Tatmak için biber ve tuz

TALİMATLAR:

a) Fırını 350F'ye önceden ısıtın. Maymunbalığını ancak sığabileceği kadar büyük bir tavaya koyun. Sütü üzerine dökün ve tavayı orta ateşte yerleştirin.

b) Kaynamaya bırakın, örtün ve 8 dakika pişirin. Balığı çevirin ve 7 dakika daha uzun süre veya balık tamamen pişene kadar pişirin.

c) Maymunbalığı neredeyse pişince karidesleri ekleyin ve 2-3 dakika veya pembeleşene kadar pişirin.

ç) Sütü atarak balıkları ve karidesleri boşaltın.

d) Maymunbalığını ısırık büyüklüğünde parçalar halinde kesin. Yumurtaları domates salçası, köri tozu, limon suyu, biberiye, safran ve ½ bardak kremayla çırpın.

e) Balıkları ve karidesleri karıştırın ve tuz ve karabiberle tatlandırın.

f) 4 ayrı ramekin tabağına dönüştürün ve kalan kremayı eşit miktarda her tabağın üstüne dökün.

g) 20 dakika veya ayarlanana kadar pişirin. Üzerine bir dilim limon ve çıtır Fransız tipi ekmek eşliğinde sıcak olarak servis yapın.

44.Tavuk, karides ve chorizo paella

İÇİNDEKİLER:

- ½ çay kaşığı safran ipi, ezilmiş
- 2 yemek kaşığı zeytinyağı
- 1 kiloluk derisiz, kemiksiz tavuk butları, 2 inçlik parçalar halinde kesilmiş
- 4 ons pişmiş, füme İspanyol usulü chorizo sosisi, dilimlenmiş
- 1 orta boy soğan, doğranmış
- 4 diş sarımsak, kıyılmış
- 1 su bardağı iri rendelenmiş domates
- 1 yemek kaşığı füme tatlı kırmızı biber
- 6 su bardağı sodyumu azaltılmış tavuk suyu
- Bomba, Calasparra veya Valencia gibi 2 bardak kısa taneli İspanyol pirinci
- 12 büyük karides, soyulmuş ve ayıklanmış
- 8 ons dondurulmuş bezelye, çözülmüş
- Kıyılmış yeşil zeytin (isteğe bağlı)
- Kıyılmış İtalyan maydanozu

TALİMATLAR:

a) Küçük bir kapta safranı ve 1/4 bardak sıcak suyu birleştirin; 10 dakika bekletin.

b) Bu arada, 15 inçlik paella tavasında yağı orta-yüksek ateşte ısıtın. Tavaya tavuk ekleyin. Tavuklar kızarana kadar ara sıra çevirerek yaklaşık 5 dakika pişirin. Chorizo'yu ekleyin. 1 dakika daha pişirin. Hepsini bir tabağa aktarın. Tavaya soğan ve sarımsak ekleyin. 2 dakika pişirin ve karıştırın. Domates ve kırmızı biberi ekleyin. 5 dakika daha veya domatesler koyulaşıncaya ve neredeyse macun kıvamına gelinceye kadar pişirin ve karıştırın.

c) Tavuğu ve chorizo'yu tekrar tavaya alın. Tavuk suyu, safran karışımı ve 1/2 çay kaşığı tuz ekleyin; yüksek ateşte kaynamaya getirin. Eşit şekilde dağıtmak için bir kez karıştırarak tavaya pirinci ekleyin. Pirinç sıvının çoğunu emene kadar yaklaşık 12 dakika kadar karıştırmadan pişirin. (Tavanız ocaktan büyükse, pirincin eşit şekilde pişmesini sağlamak için birkaç dakikada bir çevirin.) Isıyı düşük seviyeye indirin. Tüm sıvı emilene ve pirinç al dente olana kadar karıştırmadan 5 ila 10 dakika daha pişirin. Üstüne karides ve bezelye ekleyin. Isıyı yükseğe çevirin. 1-2 dakika daha karıştırmadan pişirin (kenarlar kuru görünmeli ve altta bir kabuk oluşmalıdır). Kaldırmak. Tavayı folyo ile örtün. Servis yapmadan önce 10 dakika dinlendirin. İstenirse üzerine zeytin ve maydanoz ekleyin.

45.Naneli Karides Lokmaları

İÇİNDEKİLER:

- 2 yemek kaşığı zeytinyağı
- 10 ons karides, pişmiş
- 1 yemek kaşığı nane, doğranmış
- 2 yemek kaşığı eritritol
- ⅓ fincan böğürtlen, öğütülmüş
- 2 çay kaşığı köri tozu
- 11 prosciutto dilimi
- ⅓ bardak sebze suyu

TALİMATLAR:

a) Prosciutto dilimlerine sardıktan sonra her karidesin üzerine yağ gezdirin.

b) Hazır tencerenizde böğürtlen, köri, nane , et suyu ve eritritol'ü birleştirin, karıştırın ve 2 dakika kısık ateşte pişirin.

c) Buharda pişirme sepetini ve sarılı karidesleri tencereye ekleyin, kapağını kapatın ve 2 dakika yüksek ateşte pişirin.

ç) Sarılmış karidesleri bir tabağa koyun ve servis yapmadan önce üzerine nane sosu gezdirin.

46.Kivi meyvesi ve S karides

İÇİNDEKİLER:

- 3 kivi meyvesi
- 3 yemek kaşığı Zeytinyağı
- 1 pound Karides, soyulmuş
- 3 yemek kaşığı Un
- ¾ bardak Prosciutto, ince şeritler halinde kesilmiş
- 3 arpacık soğan, ince doğranmış
- ⅓ çay kaşığı biber tozu
- ¾ bardak Sek beyaz şarap

TALİMATLAR:

a) Kiviyi soyun. 4 dilimini süslemek için ayırın ve kalan meyveyi doğrayın. Ağır bir tavada veya wok'ta yağı ısıtın. Karidesleri una bulayın ve 30 saniye soteleyin.

b) Prosciutto, arpacık soğanı ve biber tozunu ekleyin. 30 saniye daha soteleyin. Kıyılmış kiviyi ekleyin ve 30 saniye soteleyin. Şarap ekleyin ve yarıya kadar azaltın.

c) Derhal servis yapın.

47.Otlu keçi peyniri ve prosciutto karides

İÇİNDEKİLER:

- 12 yemek kaşığı keçi peyniri
- 1 çay kaşığı kıyılmış taze maydanoz
- 1 çay kaşığı kıyılmış taze tarhun
- 1 çay kaşığı kıyılmış taze frenk maydanozu
- 1 çay kaşığı kıyılmış taze kekik
- 2 çay kaşığı kıyılmış sarımsak
- Tuz ve biber
- 12 adet büyük karides, soyulmuş, kuyruklu ve
- Kelebekli
- 12 ince dilim prosciutto
- 2 yemek kaşığı Zeytinyağı
- Beyaz trüf mantarı çiseleyen
- Yağ

TALİMATLAR:

a) Bir karıştırma kabında peyniri, otları ve sarımsağı birlikte karıştırın. Karışımı tuz ve karabiberle tatlandırın. Karidesleri tuz ve karabiberle tatlandırın.
b) Her karidesin boşluğuna bir çorba kaşığı dolguyu bastırın.
c) Her karidesi bir parça prosciutto ile sıkıca sarın. Bir sote tavasında zeytinyağını ısıtın. Yağ ısındığında, doldurulmuş karidesleri ekleyin ve her iki tarafını da 2 ila 3 dakika veya karidesler pembeleşene ve kuyrukları gövdelerine doğru kıvrılana kadar kızartın. Tavadan alıp geniş bir tabağa yerleştirin.
ç) Karidesleri trüf yağıyla yağlayın.
d) Maydanozla süsleyin.

48.Karidesli ve pestolu gnocchetti

İÇİNDEKİLER:
- İrmik Hamuru

ANTEP FISTIĞI PESTO
- 1 bardak fıstık
- 1 demet nane
- 1 diş sarımsak
- ½ bardak rendelenmiş Pecorino Romano
- ½ su bardağı zeytinyağı
- Kaşer tuzu
- Taze çekilmiş karabiber
- 8 ons bakla fasulyesi
- Zeytin yağı
- 3 diş sarımsak, doğranmış
- 2 lb büyük karides, temizlenmiş
- Tadına göre ezilmiş kırmızı biber
- Kaşer tuzu
- Taze çekilmiş karabiber
- ¼ bardak beyaz şarap
- 1 limon, kabuğu rendelenmiş

TALİMATLAR :

a) İki yapraklı tavayı irmik unu ile tozlayın.

b) Gnochetti yapmak için hamurdan küçük bir parça kesin ve hamurun geri kalanını streç filmle örtün. Elinizde hamur parçasını yarım santim kalınlığında bir ip şeklinde yuvarlayın. İpten yarım santimlik hamur parçaları kesin. Başparmağınızla hamur parçasını gnocchi tahtasının üzerine yavaşça itin ve vücudunuzdan uzağa doğru yuvarlayarak hafif bir girinti oluşturun. Gnocchetti'yi irmik serpilmiş sac tavaların üzerine yerleştirin ve pişene kadar üstü açık bırakın.

c) Fıstıklı pestoyu hazırlamak için, bir mutfak robotuna fıstık, nane, sarımsak, Pecorino Romano, zeytinyağı, tuz ve taze çekilmiş karabiberi ekleyip püre haline gelene kadar çekin.

ç) Bir kase buzlu su hazırlayın. Baklaları kabuktan çıkarın. Baklaları kaynar suda yaklaşık 1 dakika yumuşayana kadar pişirerek haşlayın. Sudan çıkarın ve buz banyosuna yerleştirin.

d) Yeterince soğuduğunda sudan çıkarın ve bir kaseye koyun. Fasulyenin mumsu dış katmanını çıkarın ve atın.

e) Büyük bir tencerede tuzlu suyu kaynatın. Bu arada yüksek ateşte geniş bir sote tavasına biraz zeytinyağı, sarımsak, karides, ezilmiş kırmızı biber, tuz ve taze çekilmiş karabiberi ekleyin. Karidesler pişerken makarnayı kaynar suya bırakın ve al dente olana kadar yaklaşık 3 ila 4 dakika pişirin. Makarnayı beyaz şarapla birlikte sote tavasına ekleyin ve şarap yarı yarıya azalıncaya kadar yaklaşık bir dakika pişirin.

f) Servis yapmak için makarnayı kaselere paylaştırın. Limon kabuğu rendesi ve fıstık pesto ile süsleyin.

49.Kanadalı patlamış mısır

İÇİNDEKİLER:
- 2 kilo küçük karides
- 2 büyük yumurta
- 1 bardak kuru beyaz şarap
- ½ bardak polenta
- ½ su bardağı un
- 1 yemek kaşığı taze frenk soğanı
- 1 diş sarımsak, kıyılmış
- ½ çay kaşığı kekik yaprağı
- ½ çay kaşığı frenk maydanozu
- ½ çay kaşığı sarımsak tuzu
- ½ çay kaşığı karabiber
- ½ çay kaşığı acı biber
- ½ çay kaşığı kırmızı biber
- kızartmak için sıvı yağ

TALİMATLAR:
a) Kerevit veya karidesleri soğuk suyla durulayın, iyice süzün ve ihtiyaç duyulana kadar bir kenara koyun. Yumurtaları ve şarabı küçük bir kasede çırpın, ardından buzdolabında saklayın.

b) Başka bir küçük kapta Polenta, un, frenk soğanı, sarımsak, kekik, frenk maydanozu, tuz, karabiber, kırmızı biber ve kırmızı biberi birleştirin. Kuru malzemeleri yavaş yavaş yumurta karışımına ekleyerek iyice karıştırın. Elde edilen hamurun üzerini kapatın ve oda sıcaklığında 1-2 saat bekletin.

c) Yağı Hollanda fırınında veya fritözde termometre üzerinde 375°F'ye ısıtın.

ç) Kuru deniz ürünlerini hamurun içine batırın ve küçük porsiyonlar halinde 2-3 dakika boyunca kızarana kadar kızartın.

d) Karidesleri oluklu bir kaşıkla çıkarın ve birkaç kat kağıt havlu üzerine iyice boşaltın. En sevdiğiniz sosla birlikte ısıtılmış bir tabakta servis yapın.

50.Elma sırlı deniz ürünleri şişleri

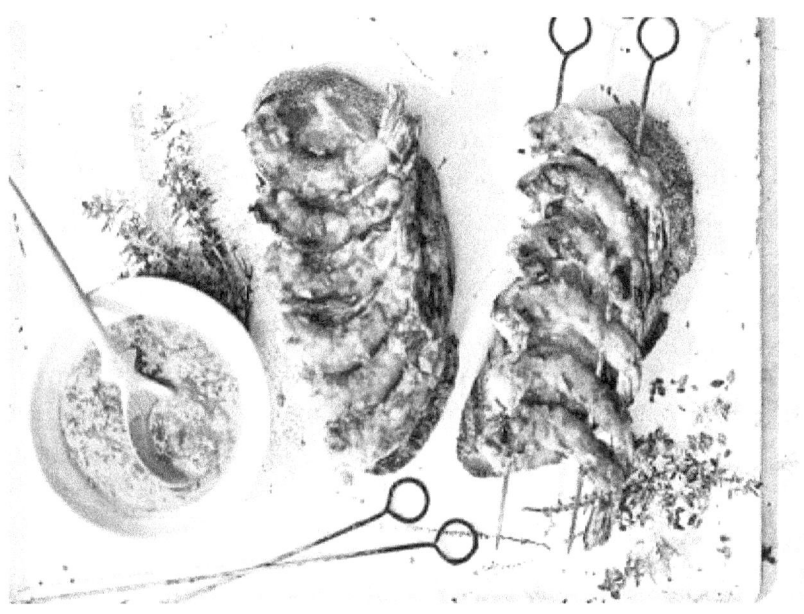

İÇİNDEKİLER:
- 1 kutu elma suyu konsantresi
- HER BİRİ 1 çorba kaşığı tereyağı ve Dijon hardalı
- 1 büyük tatlı kırmızı biber
- 6 bölüm pastırma
- 12 Deniz tarağı
- 1 pound Kabuklu, geliştirilmiş karides (yaklaşık 36)
- 2 yemek kaşığı doğranmış taze maydanoz

TALİMATLAR:
a) Derin, ağır bir tencerede, elma suyu konsantresini yüksek ateşte 7-10 dakika veya yaklaşık ¾ bardağa düşene kadar kaynatın. Ateşten alın , tereyağını ve hardalı ekleyip pürüzsüz hale gelinceye kadar çırpın. Bir kenara koyun. Biberleri ikiye bölün , çekirdeklerini ve sapını çıkarın ve biberi 24 parçaya bölün. Pastırma dilimlerini çapraz olarak ikiye bölün ve her bir tarağı bir parça pastırmaya sarın.

b) 6 şişin üzerine dönüşümlü olarak biber, deniz tarağı ve karidesleri dizin . Yağlanmış barbekü ızgarasına şişleri yerleştirin. Orta derecede yüksek ateşte 2-3 dakika boyunca ızgara yapın , üstüne elma suyu sürün ve taraklar opaklaşana, karidesler pembeleşene ve biberler yumuşayana kadar sık sık çevirin . Maydanoz serperek servis yapın.

51.Karidesli Ispanak Salataları

İÇİNDEKİLER:
- 1 pound soyulmuş ve pişmiş orta boy karides
- 4 yeşil soğan, ince dilimlenmiş
- 3/4 bardak keskin domates pastırmalı salata sosu
- 1 paket (6 ons) taze bebek ıspanak
- 1 su bardağı rendelenmiş havuç
- 2 adet haşlanmış büyük yumurta, dilimlenmiş
- 2 erik domates, dilimler halinde kesilmiş

TALİMATLAR:
a) Soğanları ve karidesleri salata sosuyla birlikte büyük bir tavada orta ateşte iyice ısınmasını sağlamak için veya 5 ila 6 dakika pişirin.
b) 4 porsiyona eşit miktarda ıspanak koyun. Üzerine domates, yumurta, havuç ve karides karışımını koyun. Hemen servis yapın.

52.Karidesli sufle

İÇİNDEKİLER:

- ½ pound Pişmiş karides
- 3 dilim Taze zencefil kökü
- 1 çorba kaşığı ispanyol şarabı
- 1 çay kaşığı Soya sosu
- 6 Yumurta beyazı
- ½ çay kaşığı Tuz
- 4 yemek kaşığı Yağ
- 1 çizgi Biber

TALİMATLAR:

a) Pişmiş karidesleri ve kıyılmış zencefil kökünü zar şeklinde doğrayın; daha sonra şeri ve soya sosuyla birleştirin.

b) Yumurta aklarını tuzla köpürene ve sertleşinceye kadar, fakat kuru olmayana kadar çırpın. Karides karışımını katlayın.

c) Yağı dumana kadar ısıtın. Karides-yumurta karışımını ekleyin ve orta-yüksek ateşte, yumurtalar sertleşmeye başlayana kadar (3 ila 4 dakika) sürekli karıştırarak pişirin.

53. Ceviche Peruano

İÇİNDEKİLER:
- 2 orta boy patates
- her biri 2 tatlı patates
- 1 kırmızı soğan, ince şeritler halinde kesilmiş
- 1 su bardağı taze limon suyu
- 1/2 sap kereviz, dilimlenmiş
- 1/4 bardak hafifçe paketlenmiş kişniş yaprağı
- 1 tutam öğütülmüş kimyon
- 1 diş sarımsak, kıyılmış
- 1 habanero biber
- 1 tutam tuz ve taze çekilmiş karabiber
- 1 kiloluk taze tilapia, 1/2-inç'e kesilmiş
- 1 kiloluk orta boy karides - soyulmuş,

TALİMATLAR:
a) Patatesleri ve tatlı patatesleri bir tencereye koyun ve üzerini suyla kaplayın. Dilimlenmiş soğanı ılık su dolu bir kabın içine koyun.

b) Kereviz, kişniş ve kimyonu harmanlayıp sarımsak ve habanero biberini ekleyerek karıştırın. Tuz ve karabiberle tatlandırın, ardından doğranmış tilapia ve karidesleri ekleyip karıştırın

c) Servis yapmak için patatesleri soyun ve dilimler halinde kesin. Soğanları balık karışımına karıştırın. Servis kaselerini marul yapraklarıyla sıralayın. Meyve suyundan oluşan cevicheyi kaselere dökün ve patates dilimleriyle süsleyin.

54.Domates Soslu Cheddar Fondü

İÇİNDEKİLER:
- 1 diş sarımsak, ikiye bölünmüş
- 6 orta boy domates, çekirdekleri çıkarılmış ve doğranmış
- 2/3 bardak kuru beyaz şarap
- 6 yemek kaşığı. Tereyağ, küp şeklinde
- 1-1/2 çay kaşığı. Kurutulmuş fesleğen
- Dash acı biber
- 2 su bardağı rendelenmiş kaşar peyniri
- 1 çorba kaşığı. Çok amaçlı un
- Kuşbaşı Fransız ekmeği ve pişmiş karides

TALİMATLAR:
a) Fondü kabının altını ve yanlarını bir diş sarımsakla ovalayın.
b) Bir kenara koyun ve sarımsakları atın.
c) Şarap, tereyağı, fesleğen, kırmızı biber ve domatesleri büyük bir tencerede birleştirin.
ç) Orta-düşük ateşte, karışımı kaynama noktasına getirin, ardından ısıyı düşük seviyeye indirin.
d) Peyniri unla karıştırın.
e) Her eklemeden sonra peynir eriyene kadar karıştırarak yavaş yavaş domates karışımına ekleyin.
f) Hazırlık fondü kabına dökün ve sıcak tutun.
g) Karides ve ekmek küpleriyle tadını çıkarın.

55.Baharatlı karides ve peynirli dip

İÇİNDEKİLER:
- 2 dilimler şeker eklenmemiş domuz pastırması
- 2 orta sarı soğanlar, soyulmuş Ve doğranmış
- 2 karanfiller sarımsak, kıyılmış
- 1 bardak patlamış mısır karides (Olumsuz the panelenmiş tür), pişmiş
- 1 orta domates, doğranmış
- 3 bardak rendelenmiş Monterey kriko peynir
- 1 / 4 çay kaşığı Frank'in Kırmızı sıcak Sos
- 1 / 4 çay kaşığı kırmızı biber biber
- 1 / 4 çay kaşığı siyah biber

TALİMATLAR:
a) Aşçı the domuz pastırması içinde A orta tava üzerinde orta sıcaklık değin gevrek, hakkında 5–10 dakika. Kale gres içinde tava. Sermek the domuz pastırması Açık A kağıt havlu ile Serin. Ne zaman Serin, ufalanmak the domuz pastırması ile senin parmaklar.

b) Eklemek the soğan Ve sarımsak ile the domuz pastırması damlama içinde the tava Ve sote üzerinde orta-düşük sıcaklık değin Onlar öyle yumuşak Ve kokulu, hakkında 10 dakika.

c) Birleştir Tümü içindekiler içinde A yavaş Ocak; karıştırmak Peki. Aşçı kapalı Açık Düşük ayar 1–2 saat veya değin peynir dır-dır tamamen erimiş.

56.Ördek Bamya

İÇİNDEKİLER:
STOKLAMAK:
- 3 büyük veya 4 küçük ördek
- 1 galon su
- 1 soğan, dörde bölünmüş
- 2 kaburga kereviz
- 2havuç 2 defne yaprağı 3 ton. tuz
- 1 ton. biber

BAMYA:
- ¾c. un
- ¾c. yağ
- 2 diş sarımsak, kıyılmış
- 1 su bardağı ince doğranmış soğan
- ½c. ince kıyılmış kereviz
- 1c. ince doğranmış yeşil biberler
- 1 lb. bamya ¼ "parçalar halinde kesilmiş
- 2 T. pastırma yağı
- 1 lb. çiğ, soyulmuş karides
- 1 puan. istiridye ve likör
- ¼c. kıyılmış maydanoz
- 2 c. Pişmiş pirinç

TALİMATLAR:

a) Deri ördekler; soğan, kereviz, defne yaprağı, tuz ve karabiber eklenmiş suda yaklaşık 1 saat veya ördek eti yumuşayana kadar haşlayın. Gerilmek; tüm yağı yağdan arındırın ve stokun dörtte üçünü ayırın. Gerekirse 3 litrelik stok elde etmek için tavuk veya dana bulyon ekleyin. Eti karkastan ve küçük parçalardan çıkarın; stoklara geri dönün. Stok, bamya yapmadan önceki gün yapılabilir.

GUMBO İÇİN:

b) Büyük bir Hollanda fırınında un ve yağla koyu kahverengi bir meyane yapın.

c) Sarımsak, soğan, kereviz ve yeşil biberi ekleyin; Bamyayı pastırma yağında tüm yumuşaklık kaybolana kadar yaklaşık 20 dakika soteleyin; boşaltmak. Bir çorba tenceresinde suyu ısıtın ve meyane ile sebze karışımını yavaşça karıştırın.

ç) Bamya ekleyin; üstü kapalı olarak 1½ saat pişirin.

d) Karides, istiridye ve bunların likörünü ekleyip 10 dakika daha pişirin. Maydanozu ekleyip karıştırıp ateşten alın.

e) Baharatı düzeltin ve sıcak, kabarık pilavın üzerinde servis yapın.

57.Ananaslı körili ördek

İÇİNDEKİLER:

- 15 adet kurutulmuş uzun kırmızı biber
- 1 yemek kaşığı beyaz biber
- 2 çay kaşığı kişniş tohumu
- 1 çay kaşığı kimyon tohumu
- 2 çay kaşığı karides ezmesi
- 5 kırmızı Asya arpacık soğanı, doğranmış
- 10 diş sarımsak, doğranmış
- 2 limon otu sapı, sadece beyaz kısmı, ince dilimlenmiş
- 1 yemek kaşığı kıyılmış havlıcan
- 2 yemek kaşığı kıyılmış kişniş kökü
- 1 çay kaşığı ince rendelenmiş kafir limon kabuğu rendesi
- 1 yemek kaşığı fıstık yağı
- 8 taze soğan (yeşil soğan), çapraz olarak 3 cm (1¼ inç) uzunluğa dilimlenmiş
- 2 diş sarımsak, ezilmiş
- 1 adet kızarmış Çin ördeği, büyük parçalar halinde doğranmış
- 400 ml (14 ons) hindistan cevizi sütü
- Şurup içinde 450 g (1 lb) konserve ananas parçaları, süzülmüş
- 3 kafir limon yaprağı
- 3 yemek kaşığı kıyılmış kişniş yaprağı
- 2 yemek kaşığı kıyılmış nane

TALİMATLAR:

a) Biberleri kaynar suda 5 dakika veya yumuşayana kadar bekletin. Sapını ve çekirdeklerini çıkarın, ardından doğrayın.

b) Biber tanelerini, kişniş tohumlarını, kimyon tohumlarını ve folyoya sarılı karides ezmesini bir tavada orta-yüksek ateşte 2-3 dakika veya kokusu çıkana kadar kurutun. Soğumaya bırakın.

c) Tane karabiberi, kişnişi ve kimyonu toz haline gelinceye kadar ezin veya öğütün.

d) Kıyılmış biberleri, karides ezmesini ve öğütülmüş baharatları, kalan köri ezmesi malzemeleriyle birlikte bir mutfak robotuna veya havan tokmağıyla bir havanın içine koyun ve pürüzsüz bir macun haline gelinceye kadar işleyin veya dövün.

e) Wok'u çok sıcak olana kadar ısıtın, yağı ekleyin ve yan tarafını kaplayacak şekilde döndürün. Soğanı, sarımsağı ve 2-4 yemek kaşığı kırmızı köri ezmesini ekleyin ve 1 dakika veya kokusu çıkana kadar karıştırarak kızartın.

f) Kızartılmış ördek parçalarını, hindistancevizi sütünü, süzülmüş ananas parçalarını, misket limonu yapraklarını ve kişniş ile nanenin yarısını ekleyin. Kaynamaya bırakın, ardından ısıyı azaltın ve 10 dakika veya ördek iyice ısınıp sos hafifçe koyulaşana kadar pişirin.

g) Kalan kişniş ve naneyi ekleyip karıştırıp servis yapın.

58.Lychees ile barbekü ördek köri

İÇİNDEKİLER:
- 1 çay kaşığı beyaz biber
- 1 çay kaşığı karides ezmesi
- 3 adet uzun kırmızı biber, çekirdekleri çıkarılmış
- 1 kırmızı soğan, kabaca doğranmış
- 2 diş sarımsak
- 2 limon otu sapı, sadece beyaz kısmı, ince dilimlenmiş
- 5 cm (2 inç) parça zencefil
- 3 kişniş kökü
- 5 kafir limon yaprağı
- 2 yemek kaşığı yağ
- 2 çay kaşığı öğütülmüş kişniş
- 1 çay kaşığı öğütülmüş kimyon
- 1 çay kaşığı kırmızı biber
- 1 çay kaşığı öğütülmüş zerdeçal
- 1 Çin barbekü ördeği
- 400 ml (14 oz) Hindistan cevizi kreması
- 1 yemek kaşığı traşlanmış hurma şekeri (jaggery)
- 2 yemek kaşığı balık sosu
- 1 kalın dilim havlıcan
- 240 g (8½ oz) konserve saman mantarı, süzülmüş
- 400 g (14 ons) konserve liçi, ikiye bölünmüş
- 250 gr (9 ons) kiraz domates
- 1 avuç Tay fesleğeni, doğranmış
- 1 avuç kişniş yaprağı

TALİMATLAR:

a) Biberleri ve folyoya sarılı karides ezmesini bir tavada orta-yüksek ateşte 2-3 dakika veya kokusu çıkana kadar kurutun. Soğumaya bırakın.

b) Havan tokmağı veya baharat öğütücü kullanarak karabiberleri toz haline getirin veya öğütün.

c) Ezilmiş karabiberleri ve karidesleri, kalan köri ezmesi malzemeleriyle birlikte bir mutfak robotuna veya havan tokmağıyla bir havanın içine koyun ve pürüzsüz bir macun haline gelinceye kadar işleyin veya dövün.

d) Ördek etini kemiklerinden çıkarın ve lokma büyüklüğünde doğrayın. Kalayın tepesindeki kalın hindistancevizi kremasını bir tencereye koyun, ara sıra karıştırarak orta ateşte hızlı bir kaynamaya getirin ve 5-10 dakika veya karışım "bölünene" kadar (yağ ayrılmaya başlayıncaya) pişirin.

e) Köri ezmesinin yarısını, hurma şekeri ve balık sosunu ekleyin ve hurma şekeri eriyene kadar karıştırın.

f) Ördek, havlıcan, saman mantarı, liçi, ayrılmış liçi şurubu ve kalan hindistan cevizi kremasını ekleyin. Kaynamaya başlayınca ateşi kısın ve 15-20 dakika ya da ördek yumuşayana kadar pişirin.

g) Kiraz domatesleri, fesleğeni ve kişnişi ekleyin. Tatmak için baharatlayın. Kiraz domatesler biraz yumuşayınca servis yapın.

59.Izgara kabuklu deniz ürünleri ceviche

İÇİNDEKİLER:

- ¾ pound Orta boy karides, kabuklu ve Çıkarılmış
- ¾ pound Deniz tarağı
- ¾ pound Somon filetosu
- 1 su bardağı doğranmış domates (1/2 inç Zar)
- 1 bardak doğranmış mango (1/2 inç zar)
- 2 Greyfurt, soyulmuş ve parçalara ayrılmış
- 3 Portakal, soyulmuş ve dilimlenmiş
- 4 Limon, soyulmuş ve parçalara ayrılmış
- ½ bardak Doğranmış kırmızı soğan (1/2inç Zar)
- 2 Jalapenos, kıyılmış
- 4 su bardağı Taze limon suyu
- 1 su bardağı kıyılmış kişniş
- 2 yemek kaşığı Şeker
- Tuz ve toz biber

TALİMATLAR:

a) Reaktif olmayan büyük bir kapta deniz tarağı, somon, karides, domates, mango, soğan, jalapeno ve limon suyunu birleştirin.

b) 3 saat boyunca buzdolabında marine edin.

c) Marineden çıkarın ve balıkları ve kabuklu deniz hayvanlarını ızgarada iz bırakacak kadar uzun süre (30-60 saniye) ızgaralayın.

ç) Bütün balıkları yarım santimlik zarlar halinde kesin.

d) Servis yapmadan hemen önce meyvenin mümkün olduğu kadar limon suyunu boşaltın, kişniş, şeker, kabuklu deniz ürünleri ve somonu ekleyin. Meyveleri ve balıkları parçalamamaya dikkat ederek yavaşça karıştırın.

60.Kabak böreği kaseleri

İÇİNDEKİLER:

- 3 yemek kaşığı kremalı fıstık ezmesi
- 2 yemek kaşığı taze sıkılmış limon suyu
- 1 yemek kaşığı azaltılmış sodyum soya sosu
- 2 çay kaşığı koyu kahverengi şeker
- 2 çay kaşığı sambal oelek (taze şili ezmesi)
- 1 kiloluk orta boy karides, soyulmuş ve ayrılmış
- 4 orta boy kabak, spiral şeklinde
- 2 büyük havuç, soyulmuş ve rendelenmiş
- 2 su bardağı rendelenmiş mor lahana
- ⅓ bardak taze kişniş yaprağı
- ⅓ bardak fesleğen yaprağı
- ¼ bardak nane yaprağı
- ¼ su bardağı kıyılmış kavrulmuş fıstık

TALİMATLAR:

a) FISTIK SOSU İÇİN: Fıstık ezmesini, limon suyunu, soya sosunu, esmer şekeri, sambal oelek'i ve 2 ila 3 yemek kaşığı suyu küçük bir kasede çırpın. Servis yapmaya hazır olana kadar 3 güne kadar buzdolabında saklayın.

b) Büyük bir tencerede kaynayan tuzlu suda karidesleri pembeleşene kadar yaklaşık 3 dakika pişirin. Süzüp buzlu su dolu bir kaba alıp soğutun. İyice boşaltın.

c) Kabağı yemek hazırlama kaplarına bölün. Üstüne karides, havuç, lahana, kişniş, fesleğen, nane ve fıstık ekleyin. Buzdolabında 3-4 gün ağzı kapalı olarak muhafaza edilecektir. Baharatlı fıstık sosuyla servis yapın.

61.Kinoa ve karides salatası

İÇİNDEKİLER:

- 1 bardak kinoa , pişmiş
- ½ pound Karides; pişmiş; 1/2 inçlik zarlarda
- ½ bardak Taze Kişniş; ince doğranmış
- ¼ bardak Taze Frenk soğanı veya Yeşil Soğan
- 1 adet Jalapeno Biber; kıyılmış
- 1 diş sarımsak; kıyılmış
- 1 çay kaşığı Tuz
- ½ çay kaşığı Karabiber
- 3 yemek kaşığı Limon Suyu
- 1 yemek kaşığı Bal
- 1 yemek kaşığı Soya Sosu
- 2 yemek kaşığı Zeytinyağı

TALİMATLAR:

b) Sos için jalapeno, sarımsak, tuz, karabiber, limon suyu, bal, soya sosu ve zeytinyağını birlikte çırpın. Kinoayla yavaşça karıştırın.

c) Baharatı damak tadınıza göre ayarlayın.

62.akşamdan kalma karides

İÇİNDEKİLER:
- 32 ons V-8 suyu
- 1 can Bira
- 3 Jalapeño biberleri (veya habaneros)
- 1 büyük Soğan; doğranmış
- 1 çay kaşığı Tuz
- 2 Diş sarımsak; doğranmış
- 3 pound Karides; soyulmuş ve geliştirilmiş

TALİMATLAR:
a) Karides hariç tüm malzemeleri geniş bir tencereye koyun ve kaynatın.
b) Karides ekleyin ve ocaktan alın. Yaklaşık 20 dakika bekletin. Karidesleri boşaltın ve soğutun.
c) Biçimlendirildi ve Bastırıldı...

63. Fırıldak karides ruloları

İÇİNDEKİLER:
- 5 adet büyük yumurta
- 1 yemek kaşığı Salata yağı
- 1 pound Çiğ karides; kabuklu, geliştirilmiş
- 2 çay kaşığı Tuz
- ⅓ bardak ince kurutulmuş ekmek kırıntısı
- 1 çay kaşığı ince kıyılmış taze zencefil
- 1 Yumurta beyazı
- ⅛ çay kaşığı Acı biber tozu
- ¼ çay kaşığı Beyaz biber
- 2 yemek kaşığı Vermut
- ¼ bardak tavuk veya balık suyu
- 2 yemek kaşığı İnce doğranmış yeşil soğan; sadece beyaz kısım
- ½ Kırmızı tatlı biber veya biber doğranmış
- 1 küçük Havuç; rendelenmiş
- 8 Kar bezelyesi; doğranmış
- ¼ fincan İstiridye sosu
- ¼ bardak tavuk suyu
- 1 yemek kaşığı Soya sosu
- 1 yemek kaşığı Tabasco sosu
- 1 çay kaşığı Öğütülmüş taze zencefil

TALİMATLAR:

a) 5 yumurtayı iyice karışana kadar çırpın. Teflon kaplı tavayı salata yağının yarısıyla fırçalayın.
b) Tavayı ısıtın ve yumurtaların yarısını dökün, tavayı çevirerek yumurtaların tavanın tabanını kaplamasını sağlayın.
c) Yumurtalı krepi katılaşana kadar pişirin. Tavadan çıkarın ve soğumaya bırakın. Tekrarlamak.
ç) Karidesleri 1 çay kaşığı ile ovalayın. tuzlayın ve soğuk akan su altında iyice yıkayın. Karidesleri boşaltın ve kurulayın.
d) Karidesleri mutfak robotunun açma/kapama düğmesiyle kıyın ve büyük bir karıştırma kabına aktarın.
e) Kalan tuzu, ekmek kırıntılarını, zencefili, yumurta beyazını, biberi, vermutu, tavuk veya balık suyunu ve yeşil soğanı ilave edin. Karışım karışana kadar kuvvetlice karıştırın.
f) Doğranmış kar bezelyesini ve tatlı kırmızı biberi veya biberi ekleyin.
g) ½ karides karışımını bir yumurtalı krepin üzerine sürün, üzerine rendelenmiş havuçların yarısını ekleyin ve yuvarlayın. Diğer kreple aynı işlemi tekrarlayın.
ğ) Karides rulolarını tabağa buharlı pişiriciye yerleştirin ve 10 dakika buharda pişirin. İstiridye Sosu ile servis yapın. istiridye

SOS:

h) Birlikte karıştırın, tencerede ısıtın ve Karides Ruloları ile sıcak olarak servis yapın.

64.Peynirli Pesto Karidesli ve Mantarlı Makarna

İÇİNDEKİLER:

- 1 (16 oz.) paket linguine makarna
- 1 su bardağı hazırlanmış fesleğen pesto
- 2 yemek kaşığı zeytinyağı
- 1 lb. pişmiş karides, soyulmuş ve ayrılmış
- 1 küçük soğan, doğranmış
- 20 mantar, doğranmış
- 8 diş sarımsak, dilimlenmiş
- 3 roma (erik) domates, doğranmış
- 1/2 bardak tereyağı
- 2 yemek kaşığı çok amaçlı un
- 2 bardak süt
- 1 tutam tuz
- 1 tutam biber
- 1 1/2 bardak rendelenmiş Romano peyniri

TALİMATLAR:

a) Hafif tuzlu, kaynar su dolu büyük bir tavaya makarnayı ekleyin ve yaklaşık 8-10 dakika veya istenilen kıvama gelinceye kadar pişirin, iyice süzün ve bir kenarda bekletin.

b) Büyük bir tavada yağı orta ateşte ısıtın ve soğanı yaklaşık 4-5 dakika soteleyin.

c) Tereyağını ve sarımsağı ekleyip yaklaşık 1 dakika soteleyin.

ç) Bu arada bir kapta süt ve unu karıştırıp, sürekli karıştırarak tavaya dökün.

d) Tuz ve karabiberi ekleyip yaklaşık 4 dakika karıştırarak pişirin.

e) Tamamen eriyene kadar sürekli karıştırarak peyniri ekleyin.

f) Pesto ve karides, domates ve mantarları karıştırın ve yaklaşık 4 dakika veya tamamen ısınana kadar pişirin.

g) Makarnayı ekleyin ve kaplayın ve hemen servis yapın.

65.Makarnalı Peynirli Pesto Karides

İÇİNDEKİLER:

- 1 lb. linguine makarna
- 1/3 bardak pesto
- 1/2 bardak tereyağı
- 1 lb. büyük karides, soyulmuş ve ayrılmış
- 2 bardak ağır krema
- 1/2 çay kaşığı öğütülmüş karabiber
- 1 su bardağı rendelenmiş parmesan peyniri

TALİMATLAR:

a) Hafif tuzlu, kaynar su dolu büyük bir tavaya makarnayı ekleyin ve yaklaşık 8-10 dakika veya istenilen kıvama gelinceye kadar pişirin, iyice süzün ve bir kenarda bekletin.

b) Bu arada tereyağını büyük bir tavada orta ateşte eritin. Kremayı ve karabiberi ekleyip sürekli karıştırarak yaklaşık 6-8 dakika pişirin.

c) Peyniri ekleyin ve iyice birleşene kadar karıştırın. Pestoyu ilave edin ve sürekli karıştırarak yaklaşık 3-5 dakika pişirin.

ç) Karidesleri ekleyin ve yaklaşık 3-5 dakika pişirin. Makarnayla birlikte sıcak servis yapın.

YENGEÇ

66.Yengeç kekleri

İÇİNDEKİLER:

- ½ pound Yengeç eti (7 oz. kutu)
- 1 Çubuk margarin
- 1 Kavanoz Eski İngiliz Peyniri
- ½ çay kaşığı Sarımsak tuzu
- 2 yemek kaşığı Mayonez
- ½ çay kaşığı Baharat tuzu
- 6 İngiliz Muffini

TALİMATLAR:

a) Muffin hariç hepsini karıştırın. Muffinlerin üzerine paylaştırın. Muffinleri dörde bölün.

b) Çerez sayfasında dondurun. Torbaya koyun ve ihtiyaç duyulana kadar dondurucuda saklayın. Kızartıp servis yapın.

67.Yengeç turtaları

İÇİNDEKİLER:

- 3 büyük Yumurta, dövülmüş
- 1½ bardak yağsız süt
- ¾ bardak rendelenmiş İsviçre peyniri
- 2 yemek kaşığı krem peynir, yumuşatılmış
- 1 yemek kaşığı Soğan, kıyılmış
- ¼ bardak maydanoz, doğranmış
- ½ bardak havuç, rendelenmiş
- 1 pound Normal yengeç eti
- ½ çay kaşığı Hindistan cevizi
- ¼ çay kaşığı Beyaz biber
- 1 tutam Tuz
- 2 kabuklu pasta için hamur işi

TALİMATLAR:

a) Hamuru ince bir şekilde açın ve kurabiye kesiciyle 2 inç çapında daireler halinde kesin. Hamur halkalarını yağlanmış tart kabuklarına hafifçe bastırın. Hamuru çatalla delin.

b) 450 derecede 5-7 dakika pişirin. Fırından çıkarın. Bir kenara koyun.

c) Kalan malzemeleri karıştırın ve turta kabuklarına kaşıkla, kabukların üst kısmını ½ inç dolduracak şekilde doldurun.

ç) 375 derecede 25 dakika veya batırdığınız kürdan temiz çıkana kadar pişirin.

68.Deniz ürünleri sosu

İÇİNDEKİLER:
- 1 su bardağı Yengeç Eti
- ½ su bardağı kaşar peyniri – rendelenmiş
- ¼ bardak Krem Peynir - yumuşatılmış
- ¼ bardak Mayonez
- ¼ bardak Ekşi Krema
- ¼ bardak Parmesan Peyniri – rendelenmiş
- ¼ bardak Yeşil Soğan – dilimlenmiş
- 1 çay kaşığı Limon Suyu
- ¼ çay kaşığı Worcestershire Sosu
- ⅛ çay kaşığı Sarımsak Tozu
- ¼ bardak Ekmek Kırıntısı

TALİMATLAR:

a) Bir kapta ilk 10 malzemeyi pürüzsüz hale gelinceye kadar karıştırın. 9 inçlik bir pasta tepsisine yayıldı.

b) Ekmek kırıntıları serpin. Kapalı olarak 350 derece F'de 20 dakika veya kabarcıklar oluşana kadar pişirin

c) Kapağını açıp 5 dakika daha pişirin. Kraker veya çiğ sebzelerle servis yapın.

İSTİRİDYELER

69.İstiridye kroketleri

İÇİNDEKİLER:

- ¼ bardak Tereyağı
- ¼ bardak Çok amaçlı un
- 1 bardak Süt
- Tuz
- Taze kara biber
- 3 yemek kaşığı Tereyağı
- 4 Kıyılmış arpacık soğanı
- 1 kilo Kıyılmış mantar
- 24 Kabukları soyulmuş ve okşanmış kuru istiridye
- (derin kızartma için) bitkisel yağ
- 3 Yumurta
- Çok amaçlı un
- 4 su bardağı Taze ekmek kırıntısı
- Su teresi
- Limon dilimleri

TALİMATLAR:

a) Ağır orta tencerede ¼ fincan tereyağını düşük ateşte eritin.

b) ¼ bardak unu çırpın ve 3 dakika karıştırın. Sütü çırpın ve kaynatın. Isıyı azaltın ve ara sıra karıştırarak 5 dakika pişirin. Tuz ve karabiberle tatlandırın.

c) Orta-düşük ateşte, ağır orta tavada 3 yemek kaşığı tereyağını eritin. Arpacık soğanı ekleyin ve yumuşayana kadar ara sıra karıştırarak yaklaşık 5 dakika pişirin. Mantarları ekleyin, ısıyı artırın ve tüm sıvı buharlaşana kadar ara sıra karıştırarak yaklaşık 10 dakika pişirin. Tuz ve karabiberle tatlandırın. Mantar karışımını sosa karıştırın. Serin.

ç) Tavayı orta-yüksek ateşte ısıtın. İstiridyeleri ekleyin ve 2 dakika atın. Serin.

d) Yağı 425 dereceye ısıtın. fritözde veya ağır büyük tencerede. Yumurtaları 1 yemek kaşığı bitkisel yağla karıştırarak çırpın. Sosu her istiridyenin etrafına sararak puro şekli verin. Unu serpin, fazlalığı silkeleyin.

e) Yumurta karışımına batırın. Ekmek kırıntılarını yuvarlayın. Altın kahverengi olana kadar yaklaşık 4 dakika boyunca gruplar halinde kızartın. Oluklu kaşık kullanarak çıkarın ve kağıt havluların üzerine boşaltın.

f) Croqueta'ları tabağa dizin. Su teresi ve limonla süsleyin.

70.İstiridye ve Domates Bruschetta

İÇİNDEKİLER:
- 1 Fransız baget, dilimlenmiş ve kızartılmış
- 2 su bardağı kiraz domates, ikiye bölünmüş
- 16 taze istiridye, haşlanmış veya ızgarada pişirilmiş
- Çiseleme için balzamik sır
- Garnitür için taze fesleğen yaprakları

TALİMATLAR:
a) Bir kapta kiraz domatesleri tuz ve karabiberle karıştırın.
b) Her kızarmış baget diliminin üzerine haşlanmış veya ızgarada pişirilmiş istiridyeleri yerleştirin.
c) İstiridyelerin üzerine terbiyeli domatesleri kaşıkla dökün.
ç) Balzamik sırla gezdirin ve taze fesleğen yapraklarıyla süsleyin.
d) Lezzetli bir bruschetta olarak servis yapın.

71. İstiridye Suşi Ruloları

İÇİNDEKİLER:

- 4 yaprak nori (deniz yosunu)
- 2 su bardağı suşi pirinci, pişmiş ve terbiyeli
- 16 taze istiridye, dilimlenmiş
- 1 salatalık, jülyen doğranmış
- Daldırma için soya sosu
- Servis için turşu zencefil

TALİMATLAR:

a) Bambu suşi sarma matının üzerine bir yaprak nori yerleştirin.
b) Norinin üzerine ince bir tabaka suşi pirinci yayın.
c) Taze istiridye dilimlerini ve jülyen doğranmış salatalık dilimlerini pirincin üzerine dizin.
ç) Suşiyi sıkıca yuvarlayın ve ısırık büyüklüğünde parçalar halinde dilimleyin.
d) Soya sosu ve zencefil turşusu ile servis yapın.

72.İstiridye ve Mavi Peynirli Crostini

İÇİNDEKİLER:
- Baget dilimleri, kızarmış
- 16 taze istiridye, hafifçe haşlanmış veya ızgarada pişirilmiş
- 1/2 bardak mavi peynir, ufalanmış
- Üzerine sürmek için bal
- Süslemek için dövülmüş ceviz

TALİMATLAR:
a) Hafifçe haşlanmış veya ızgarada pişirilmiş istiridyeleri kızartılmış baget dilimlerinin üzerine yerleştirin.
b) İstiridyelerin üzerine ufalanmış mavi peyniri serpin.
c) Bal ile gezdirin.
ç) Kıyılmış cevizle süsleyin.
d) Zarif kahvaltı crostini olarak servis yapın.

73.Cajun Kızarmış Karides ve İstiridye

İÇİNDEKİLER:
- 1 pound taze soyulmuş istiridye
- 1 kiloluk jumbo çiğ karides, soyulmuş ve ayrılmış
- 2 yumurta, ayrı ayrı hafifçe çırpılmış
- ¾ bardak çok amaçlı un
- ½ su bardağı sarı mısır unu
- 2 çay kaşığı Cajun baharatı
- ½ çay kaşığı limon biberi

Kızartmak için 2 su bardağı bitkisel yağ

TALİMATLAR:

a) İstiridyeleri orta boy bir kaseye, karidesleri ise ayrı bir kaseye yerleştirin.

b) Yumurtaları karides ve istiridyelerin üzerine gezdirin (kase başına 1 yumurta) ve her şeyin güzelce kaplandığından emin olun. Kaseleri yan tarafa koyun.

c) Büyük bir kilitli dondurucu poşetine un, mısır unu, Cajun baharatı ve limon biberini ekleyin. Her şeyin iyice karıştığından emin olmak için torbayı sallayın.

ç) Karidesleri torbaya ekleyin ve kaplayacak şekilde sallayın, ardından karidesleri çıkarın ve bir fırın tepsisine yerleştirin. Şimdi istiridyeleri torbaya ekleyin ve işlemi tekrarlayın.

d) Bitkisel yağı derin bir fritözde veya derin kızartma tavasında yaklaşık 350 ila 360 derece F'ye ısıtın. Karidesleri altın kahverengi olana kadar yaklaşık 3 ila 4 dakika kızartın. Daha sonra istiridyeleri altın rengi kahverengi olana kadar yaklaşık 5 dakika kızartın.

e) Fazla yağın bir kısmının emilmesine yardımcı olmak için deniz ürünlerini kağıt havluyla kaplı bir tabağa yerleştirin. En sevdiğiniz dip sosla servis yapın.

74.Kızarmış istiridyeler

İÇİNDEKİLER:
- 1 litre kabuğu soyulmuş istiridye, süzülmüş
- 1/2 bardak çok amaçlı un
- 1/2 çay kaşığı tuz
- 1/4 çay kaşığı karabiber
- 1/4 çay kaşığı acı biber
- 2 yumurta, dövülmüş
- 1 su bardağı ekmek kırıntısı
- Kızartmak için bitkisel yağ

TALİMATLAR:
a) Sığ bir tabakta un, tuz, karabiber ve kırmızı biberi birlikte çırpın.
b) Başka bir sığ tabakta yumurtaları çırpın.
c) Üçüncü bir sığ tabağa ekmek kırıntılarını yerleştirin.
ç) Her bir istiridyeyi önce unlu karışıma, sonra çırpılmış yumurtaya, en son da galeta ununa bulayıp fazlalıklarını silkeleyin.
d) Bitkisel yağı büyük bir tavada orta-yüksek ateşte ısıtın.
e) İstiridyeleri gruplar halinde, her tarafı yaklaşık 2-3 dakika veya altın rengi kahverengi ve çıtır olana kadar kızartın.
f) Kızaran istiridyeleri kağıt havlu serili bir tabağa boşaltın.
g) Limon dilimleri ve tartar sos ile sıcak olarak servis yapın.

75. İstiridye ve habanero ceviche

İÇİNDEKİLER:
- 8 Kabukları soyulmuş taze istiridye
- 1 yemek kaşığı kıyılmış kişniş
- 1 yemek kaşığı ince doğranmış domates
- ¼ çay kaşığı Habanero püresi
- ½ Portakal; yüceltilmiş
- ¼ su bardağı Taze sıkılmış portakal suyu
- 1 yemek kaşığı Taze sıkılmış limon suyu
- Tuz ve biber

TALİMATLAR:
a) Tüm malzemeleri bir kapta birleştirin.
b) Tuz ve karabiberle tatlandırın.
c) İstiridye kabuğu yarımları halinde servis yapın.

76.Pastırma-istiridye ısırıkları

İÇİNDEKİLER:
- 8 dilim Domuz pastırması
- ½ fincan Otlu terbiyeli doldurma
- 1 can (5 oz) istiridye; doğranmış
- ¼ bardak su

TALİMATLAR:
a) Fırını 350ø'ye önceden ısıtın. Pastırma dilimlerini ikiye bölün ve hafifçe pişirin. FAZLA PİŞİRMEYİN.
b) Pastırma, topların etrafında kolayca yuvarlanabilecek kadar yumuşak olmalıdır. Doldurma, istiridye ve suyu birleştirin.
c) Yaklaşık 16 adet büyüklüğünde toplar halinde yuvarlayın.
ç) Topları pastırmaya sarın. 350°'de 25 dakika pişirin. Sıcak servis yapın.

77. İstiridye ve havyar

İÇİNDEKİLER:
- 2 kilo deniz yosunu
- 18 İstiridye, yarım kabukta
- 2 Yeşil soğan
- 2 ons Siyah havyar
- 2 Limon

TALİMATLAR:

a) Deniz yosununu düz bir sepete yayın. Soğutulmuş istiridyeleri kabukları içinde deniz yosununun üzerine dizin. Soğanları halka şeklinde ince ince dilimleyin.

b) Her istiridyenin üzerine 2 veya 3 parça serpin. Her birinin üstüne bir miktar havyar ekleyin. Taze, ince dilimlenmiş limon dilimleri eşliğinde çok soğuk olarak servis yapın. İyi soğutulmuş şampanyayı geç.

78. İstiridye Böreği

İÇİNDEKİLER:

- 3 adet büyük yaylı rulo sarmalayıcı
- 6 adet su kestanesi, ince doğranmış
- 1 dilim zencefil, ince doğranmış
- 3 adet taze soğan, ince doğranmış (yeşil kısımları dahil)
- Birkaç damla susam yağı
- 1 çay kaşığı hafif soya sosu
- 24 istiridye kabuğundan çıktı
- Sebze yağı

TALİMATLAR:

a) Her yaylı rulo ambalajını dörde bölün.
b) Bir karıştırma kabında ince kıyılmış kestane, zencefil ve taze soğanı karıştırın. Birkaç damla susam yağı ve hafif soya sosunu ekleyin. İyice karıştırın.
c) İstiridyeleri yavaşça katlayın ve baharatlarla iyice kaplanmalarını sağlayın.
ç) İstiridye karışımını yaylı rulo kareler arasında eşit olarak bölün.
d) Her yaylı ruloyu dikkatlice yuvarlayın ve dolguyu kapatmak için yanları katlayın. Ambalajların kenarlarını kapatmak için suyla fırçalayın.
e) Kızartmak için derin bir tava veya tencerede bol miktarda bitkisel yağı ısıtın.
f) Çin böreklerini sıcak yağda 2-3 dakika veya altın rengi ve çıtır bir renk alana kadar kızartın.
g) Yay rulolarını yağdan çıkarın ve fazla yağı çıkarmak için buruşuk mutfak kağıdına boşaltın.
ğ) İstiridye böreği hemen servis yapın.
h) Lezzetli İstiridye Böreğinizin tadını çıkarın!

79.Tempura kızarmış istiridye

İÇİNDEKİLER:
- 12 taze istiridye
- Kızartmak için bitkisel yağ
- 1 fincan çok amaçlı un
- ½ bardak mısır nişastası
- ½ çay kaşığı tuz
- 1 su bardağı buz gibi soğuk su
- Servis için soya sosu veya tartar sosu
- İsteğe bağlı malzemeler: susam, yeşil soğan veya limon dilimleri

TALİMATLAR:

a) İstiridyeleri ayıklayıp kabuklarından çıkararak başlayın. Açılmış veya taze görünmeyen istiridyeleri attığınızdan emin olun.

b) Kabukları soyulmuş istiridyeleri soğuk su altında durulayın ve kağıt havluyla kurulayın. Onları bir kenara koyun.

c) Bitkisel yağı derin bir fritözde veya büyük bir tencerede yaklaşık 350°F (175°C) sıcaklığa ısıtın.

ç) Bir karıştırma kabında çok amaçlı un, mısır nişastası ve tuzu birleştirin. Pürüzsüz bir hamur kıvamı elde edene kadar yavaşça karıştırarak buz gibi soğuk suyu yavaş yavaş ekleyin. Fazla karıştırmamaya dikkat edin; birkaç topaklar varsa sorun değil.

d) Her istiridyeyi hamurun içine batırın ve eşit şekilde kaplandığından emin olun. İstiridyeyi dikkatlice sıcak yağın içine yerleştirmeden önce fazla hamurun damlamasını bekleyin.

e) Fritözü veya tencereyi aşırı doldurmamaya dikkat ederek istiridyeleri gruplar halinde kızartın. Bunları yaklaşık 2-3 dakika veya tempura hamuru altın sarısı ve gevrek oluncaya kadar pişirin.

f) İstiridyeler piştikten sonra delikli bir kaşık veya maşa kullanarak yağdan çıkarın ve kağıt havluyla kaplı bir tabağa aktarın. Bu, fazla yağın emilmesine yardımcı olacaktır.

g) Hepsi pişene kadar işlemi kalan istiridyelerle tekrarlayın.

ğ) Tempura ile kızartılmış istiridyeleri meze veya ana yemek olarak sıcak olarak servis edin.

h) Bu şekilde yiyebileceğiniz gibi soya sosu veya tartar sosla da servis edebilirsiniz.

ı) Daha fazla lezzet ve garnitür için üzerine susam tohumu veya yeşil soğan serpin. Narenciye vuruşu için yanında limon dilimleri de servis edilebilir.

80.Klasik İstiridye Rockefeller

İÇİNDEKİLER:

- 24 taze istiridye, kabuğu soyulmuş
- 1/2 bardak tereyağı
- 1/2 bardak ekmek kırıntısı
- 1/2 su bardağı rendelenmiş parmesan peyniri
- 1/4 su bardağı kıyılmış maydanoz
- 2 diş sarımsak, kıyılmış
- 1 yemek kaşığı limon suyu
- Tatmak için biber ve tuz

TALİMATLAR:

a) Fırını önceden 450°F'ye (230°C) ısıtın.
b) Bir tavada tereyağını eritip sarımsakları kokusu çıkana kadar kavurun.
c) Tavaya galeta unu, Parmesan, maydanoz, limon suyu, tuz ve karabiber ekleyin. İyice karıştırın.
ç) Kabukları soyulmuş istiridyeleri fırın tepsisine dizin.
d) Her istiridyeyi ekmek kırıntısı karışımıyla doldurun.
e) 10-12 dakika veya tepesi altın rengi kahverengi olana kadar pişirin.
f) Sıcak servis yapın.

81.İstiridye Atıcıları

İÇİNDEKİLER:
- 12 adet taze istiridye, kabuğu soyulmuş
- 1 su bardağı domates suyu
- 1/4 bardak votka
- 1 yemek kaşığı acı sos
- 1 yemek kaşığı yaban turpu
- Garnitür için limon dilimleri

TALİMATLAR:
a) Bir kapta domates suyu, votka, acı sos ve yaban turpunu karıştırın.
b) Kabukları soyulmuş bir istiridyeyi shot bardağına koyun.
c) Domates suyu karışımını istiridyenin üzerine dökün.
ç) Limon dilimiyle süsleyin.
d) Soğutulmuş hizmet.

82. İstiridye ve Pastırma Sarılmış Mezeler

İÇİNDEKİLER:
- 16 adet taze istiridye, kabuğu soyulmuş
- 8 dilim pastırma, ikiye bölünmüş
- Kürdan

TALİMATLAR:
a) Fırını 200°C'ye (400°F) önceden ısıtın.
b) Her soyulmuş istiridyeyi yarım dilim pastırma ile sarın ve bir kürdan ile sabitleyin.
c) Pastırmayla sarılmış istiridyeleri bir fırın tepsisine yerleştirin.
ç) 12-15 dakika veya pastırma gevrekleşinceye kadar pişirin.
d) Pastırmayla sarılmış enfes istiridye mezeleri olarak sıcak servis yapın.

83.Baharatlı İstiridye Sosu

İÇİNDEKİLER:
- 1 bardak mayonez
- 1/4 bardak acı sos
- 1 yemek kaşığı limon suyu
- 1 çay kaşığı Worcestershire sosu
- 16 taze istiridye, kabuğu soyulmuş ve doğranmış
- 1/4 bardak yeşil soğan, doğranmış
- Servis için tortilla cipsi veya kraker

TALİMATLAR:

a) Bir kasede mayonez, acı sos, limon suyu ve Worcestershire sosunu birlikte çırpın.

b) Doğranmış istiridyeleri ve yeşil soğanları karıştırın.

c) Tatların birbirine karışması için en az 30 dakika buzdolabında saklayın.

ç) Baharatlı istiridye sosunu tortilla cipsi veya krakerle servis edin.

84. İstiridye ve Salatalık Kanepeleri

İÇİNDEKİLER:

- 16 adet taze istiridye, kabuğu soyulmuş
- 1 salatalık, ince dilimlenmiş
- Krem peynir
- Süslemek için dereotu dalları
- Limon kabuğu rendesi

TALİMATLAR:

a) Her salatalık diliminin üzerine krem peyniri sürün.
b) Krem peynirin üzerine kabukları soyulmuş bir istiridye koyun.
c) Dereotu dalları ve bir tutam limon kabuğu rendesi ile süsleyin.
ç) Serinletici kanepeler olarak servis yapın.

85.İstiridye ve Mango Sos Tostadas

İÇİNDEKİLER:
- 16 adet taze istiridye, kabuğu soyulmuş
- 8 küçük tostada kabuğu
- 1 bardak mango, doğranmış
- 1/2 bardak kırmızı soğan, ince doğranmış
- 1/4 bardak kişniş, doğranmış
- Garnitür için limon dilimleri

TALİMATLAR:
a) Kabukları soyulmuş istiridyeleri her tostada kabuğunun üzerine yerleştirin.
b) Bir kasede doğranmış mango, kırmızı soğan ve kişnişi karıştırın.
c) Mango Sossını istiridyelerin üzerine kaşıkla dökün.
ç) Kireç dilimleriyle süsleyin.
d) Canlı tostada mezeleri olarak servis yapın.

86. İstiridye ve Pesto Crostini

İÇİNDEKİLER:
- Baget dilimleri, kızarmış
- 16 adet taze istiridye, kabuğu soyulmuş
- Pesto Sos
- Kiraz domates, yarıya
- Çiseleme için balzamik sır

TALİMATLAR:
a) Her kızarmış baget diliminin üzerine bir kat pesto sos sürün.
b) Pesto sosunun üzerine kabukları soyulmuş bir istiridye koyun.
c) Yarıya bölünmüş kiraz domateslerle süsleyin.
ç) Balzamik sırla gezdirin.
d) Lezzetli pesto crostini olarak servis yapın.

87.İstiridye ve Bacon Jalapeño Poppers

İÇİNDEKİLER:
- 16 adet taze istiridye, kabuğu soyulmuş
- 8 jalapeno biberi, ikiye bölünmüş ve çekirdekleri çıkarılmış
- Krem peynir
- 8 dilim pastırma, ikiye bölünmüş
- Kürdan

TALİMATLAR:
a) Fırını önceden 375°F'ye (190°C) ısıtın.
b) Her jalapeño yarısının içine krem peynir sürün.
c) Krem peynirin üzerine kabukları soyulmuş bir istiridye koyun.
ç) Her bir jalapeno'yu yarım dilim pastırma ile sarın ve bir kürdan ile sabitleyin.
d) 20-25 dakika veya pastırma gevrekleşinceye kadar pişirin.
e) Baharatlı istiridye jalapeño poppers gibi sıcak servis yapın.

88. İstiridye ve Mango Guacamole

İÇİNDEKİLER:
- 16 taze istiridye, kabuğu soyulmuş ve doğranmış
- 2 olgun avokado, püresi
- 1 mango, doğranmış
- 1/4 bardak kırmızı soğan, ince doğranmış
- 1/4 bardak kişniş, doğranmış
- Misket limonu suyu
- Servis için tortilla cipsi

TALİMATLAR:
a) Bir kasede doğranmış istiridyeleri, ezilmiş avokadoları, doğranmış mangoyu, kırmızı soğanı ve kişnişi birleştirin.
b) Karışımın üzerine limon suyunu sıkın ve iyice karıştırın.
c) İstiridye ve mango guacamole'yi tortilla cipsiyle servis edin.

89. İstiridye ve Keçi Peynirli Mantar Dolması

İÇİNDEKİLER:
- 16 adet taze istiridye, kabuğu soyulmuş
- 16 adet büyük mantar, temizlenmiş ve sapları çıkarılmış
- 4 ons keçi peyniri
- 2 yemek kaşığı galeta unu
- Süslemek için taze kekik yaprakları
- Üzerine sürmek için zeytinyağı

TALİMATLAR:
a) Fırını önceden 375°F'ye (190°C) ısıtın.
b) Bir kapta keçi peynirini ve galeta ununu karıştırın.
c) Her bir mantarı keçi peyniri karışımıyla doldurun.
ç) Doldurulmuş her mantarın üzerine kabukları soyulmuş bir istiridye koyun.
d) Zeytinyağı gezdirin.
e) 15-20 dakika veya mantarlar yumuşayana kadar pişirin.
f) Taze kekik yapraklarıyla süsleyin.
g) Sıcak servis yapın.

İSTİRİDYE

90.Soğuk daldırma

İÇİNDEKİLER:
- ⅓ fincan Heinz domates ketçapı
- 1 paket (8 ons) krem peynir; yumuşatılmış
- 1 çay kaşığı Taze limon suyu
- ⅛ çay kaşığı Sarımsak tozu
- 1 kutu (6,5 oz) kıyılmış istiridye; süzülmüş

TALİMATLAR:
a) Ketçapı yavaş yavaş krem peynire karıştırın.
b) Limon suyu, sarımsak tozu ve istiridye ekleyin. Örtün ve soğutun.

91.Fırında doldurulmuş istiridye

İÇİNDEKİLER:
- 1 can Kıyılmış istiridye
- 1 paket eritilmiş margarin
- 4 yemek kaşığı Deniz tarağı suyu
- Bir tutam sarımsak tuzu
- 3 bardak Ritz kraker kırıntısı
- 1 yemek kaşığı Şeri
- ½ çay kaşığı Worcestershire sosu

TALİMATLAR:
a) İstiridyeleri boşaltın, 4 yemek kaşığı sıvı ayırın. Tüm malzemeleri karıştırıp kabukları doldurun.
b) 350 derecede 15 dakika pişirin. Kabuklarınız yoksa küçük bir fırın tepsisinde 20-25 dakika pişirin ve krakerlerle servis yapın.

92.Konserve istiridye börek

İÇİNDEKİLER:

- 1 yumurta; iyi dövülmüş
- ½ çay kaşığı Tuz
- ⅛ çay kaşığı karabiber
- ⅔ bardak Beyaz buğday unu
- 1 çay kaşığı Kabartma tozu
- ¼ bardak konserve istiridye suyu
- 1 yemek kaşığı Tereyağı; erimiş
- 1 su bardağı kıyılmış konserve istiridye
- Sıvı yağ veya arıtılmış tereyağı
- ¼ bardak ekşi krema veya yoğurt
- 1 çay kaşığı Dereotu; tarhun veya kekik

TALİMATLAR:

a) En son istiridyeleri ekleyerek tüm malzemeleri yavaşça karıştırın. Sıcak yağlanmış ızgara veya demir tavaya börek başına 2 yemek kaşığı dolusu dökün.

b) Baloncuklar patladığında börekleri çevirin.

c) Bir parça otlu ekşi krema, yoğurt veya tartar sosuyla sıcak olarak servis yapın.

93.İstiridye topları

İÇİNDEKİLER:

- 3 6 1/2 oz. kutu kıyılmış istiridye, suyu süzülmüş
- 3 sap kereviz, kıyılmış
- 1 Soğan, kıyılmış
- Tatmak için biber ve tuz
- 6 adet haşlanmış yumurta, doğranmış
- Yarım kilo Nemli ekmek kırıntısı
- Derin kızartma için yağ

TALİMATLAR:

a) 2 bardak yapmak için deniz tarağı suyuna yetecek kadar su ekleyin. 1½ bardak deniz tarağı suyunu, soğanı ve kerevizi bir tencereye koyun; kereviz yumuşayana kadar pişirin.

b) Kerevizlere istiridye, tuz ve karabiber ekleyin; 10 dakika kaynatın. Soğan karışımına yumurtaları, kalan deniz tarağı suyunu ve ekmek kırıntılarını ekleyin.

c) Tutulabilecek kadar soğuduğunda küçük toplar haline getirin; iyice soğuyana kadar buzdolabında saklayın.

ç) Yağı fritözde 350'ye ısıtın. İstiridye toplarını altın rengi kahverengi olana kadar kızartın.

d) Kağıt havluların üzerine boşaltın; kürdanlarla hemen servis yapın.

DENİZ TARAĞI

94.Defne tarak ceviche

İÇİNDEKİLER:

- 1½ çay kaşığı öğütülmüş kimyon
- 1 su bardağı taze limon suyu
- ½ bardak Taze portakal suyu
- 2 kilo Körfez tarağı
- 1 Acı kırmızı pul biber; ince doğranmış
- ¼ bardak Kırmızı soğan; ince doğranmış
- 3 Olgun erik domates; tohumlanmış ve doğranmış
- 1 Kırmızı dolmalık biber; tohumlanmış ve doğranmış
- 3 Yeşil soğan; doğranmış
- 1 su bardağı kıyılmış taze kişniş
- 1 Kireç; süslemek için dilimlenmiş

TALİMATLAR:

a) Kimyonu limon ve portakal suyuyla karıştırın ve tarakların üzerine dökün.

b) Doğranmış biberi ve kırmızı soğanı ekleyip karıştırın. En az 2 saat boyunca örtün ve buzdolabında saklayın.

c) Servis yapmadan hemen önce deniz taraklarını süzün ve doğranmış domates, dolmalık biber, yeşil soğan ve kişniş ile karıştırın. Kireç dilimleriyle süsleyin.

95.Bourbon-domuz pastırması tarakları

İÇİNDEKİLER:

- 3 yemek kaşığı kıyılmış yeşil soğan
- 2 yemek kaşığı Burbon
- 2 yemek kaşığı Akçaağaç şurubu
- 1 yemek kaşığı Düşük sodyum soya sosu
- 1 yemek kaşığı Dijon hardalı
- ¼ çay kaşığı Biber
- 24 adet büyük deniz tarağı
- 6 dilim hindi pastırması; 4 ons
- Pişirme spreyi
- 2 su bardağı pişmiş pirinç

TALİMATLAR:

a) İlk 6 malzemeyi bir kasede birleştirin; iyice karıştırın. Kaplamak için hafifçe karıştırarak tarak ekleyin. Üzerini örtün ve ara sıra karıştırarak buzdolabında 1 saat marine edin.

b) Marine edip saklayarak tarakları kaseden çıkarın. Her pastırma dilimini 4 parçaya bölün. Pastırma parçasını her tarak etrafına sarın

c) Tarağı 4 (12 inç) şişin üzerine geçirin ve pastırmanın pişmesi için taraklar arasında biraz boşluk bırakın.

ç) Şişleri pişirme spreyi ile kaplı bir piliç tavasına yerleştirin; 8 dakika veya domuz pastırması gevrekleşinceye ve taraklar bitene kadar kızartın, ara sıra ayrılmış turşuyla tatlandırın

96.Karamelize deniz tarağı

İÇİNDEKİLER:
- 12 adet deniz tarağı, ikiye bölünmüş
- 2 ons Porto şarabı
- 1 ons Dana eti suyu
- ½ bardak Midye suyu
- 1 ons Tereyağı, tuzsuz
- 2 çay kaşığı kıyılmış trüf
- 2 çay kaşığı Trüf suyu
- 1 yemek kaşığı Fındık yağı
- 12 adet baby havuç, sırlanmış
- 4 ons Ispanak, tereyağı ile sotelenmiş

TALİMATLAR:
a) Porto şarabını ateşe verin ve dana etini, midye suyunu ekleyip kaynatın ve üçte bir oranında azaltın.
b) Bir ons tereyağını ekleyin ve son anda trüf mantarı suyunu ve doğranmış trüf mantarını ekleyin. Deniz taraklarını fındık yağında yüksek ateşte rengi altın sarısı oluncaya kadar soteleyin.
c) Garnitürleri ve deniz taraklarını tabağa dizin ve sosu tabağa dökün.

KEREVİT

97.Cajun Usulü Kerevit Kaynatma

İÇİNDEKİLER:

- Canlı kerevit (gerektiği kadar)
- 5 galon su
- 1 su bardağı Cajun baharatı
- 1 bardak tuz
- 1 su bardağı bütün karabiber
- 1 su bardağı diş sarımsak
- 6 limon, ikiye bölünmüş
- 1 su bardağı acı sos (damak tadınıza göre ayarlayın)
- Koçandaki mısır
- kırmızı patatesler

TALİMATLAR:

a) Büyük bir tencereye su doldurun ve kaynatın.

b) Kaynayan suya Cajun baharatı, tuz, karabiber, sarımsak, limon ve acı sos ekleyin.

c) Aromaların birbirine karışması için karışımın 10-15 dakika kaynamasına izin verin.

ç) Tencereye kerevitleri, koçandaki mısırı ve kırmızı patatesleri ekleyin.

d) Yaklaşık 5-7 dakika veya kerevitler parlak kırmızıya dönene ve patatesler yumuşayana kadar pişirin.

e) Suyu boşaltın ve içindekileri gazeteyle kaplı büyük bir masaya yayın.

f) İlave Cajun baharatı ve limon dilimleri ile servis yapın.

98.Sarımsaklı Tereyağı Kerevit

İÇİNDEKİLER:

- Canlı kerevit
- 1/2 bardak tereyağı
- 4 diş sarımsak, kıyılmış
- 1 yemek kaşığı kıyılmış taze maydanoz
- Tatmak için biber ve tuz
- Servis için limon dilimleri

TALİMATLAR:

a) Kerevitleri pişene kadar buharda pişirin veya kaynatın. Kabuklarını kırın ve eti çıkarın.
b) Bir tavada orta ateşte tereyağını eritin ve kıyılmış sarımsakları kokusu çıkana kadar soteleyin.
c) Kerevit etini tavaya ekleyin ve sarımsaklı tereyağıyla kaplayın.
ç) Kıyılmış maydanoz, tuz ve karabiber serpin. 2-3 dakika daha pişirin.
d) Limon dilimleri ile servis yapın.

99.Kerevit Makarna

İÇİNDEKİLER:
- Pişmiş kerevit kuyrukları, soyulmuş
- 8 oz linguine veya fettuccine
- 2 yemek kaşığı zeytinyağı
- 4 diş sarımsak, kıyılmış
- 1/2 bardak kiraz domates, yarıya bölünmüş
- 1/4 bardak beyaz şarap
- 1/4 bardak tavuk veya sebze suyu
- Kırmızı biber gevreği (isteğe bağlı)
- Tatmak için tuz ve karabiber
- Süslemek için kıyılmış taze maydanoz

TALİMATLAR:
a) Makarnayı paket talimatlarına göre pişirin.
b) Büyük bir tavada zeytinyağını orta ateşte ısıtın. Kıyılmış sarımsağı ekleyip kokusu çıkana kadar soteleyin.
c) Tavaya kerevit kuyruklarını ve kiraz domatesleri ekleyin. 2-3 dakika pişirin.
ç) Beyaz şarabı ve et suyunu dökün ve 5 dakika kaynamaya bırakın.
d) Kırmızı pul biber (kullanılıyorsa), tuz ve karabiber ile tatlandırın.
e) Pişen makarnayı tavaya atın ve kerevit karışımıyla kaplayın.
f) Taze maydanozla süsleyip servis yapın.

100.Kerevit Etouffee

İÇİNDEKİLER:

- 1 lb kerevit kuyrukları, soyulmuş
- 1/2 bardak tereyağı
- 1/2 bardak çok amaçlı un
- 1 soğan, ince doğranmış
- 1 dolmalık biber, doğranmış
- 2 kereviz sapı, doğranmış
- 3 diş sarımsak, kıyılmış
- 2 su bardağı tavuk veya sebze suyu
- 1 kutu (14 oz) doğranmış domates
- 1 yemek kaşığı Worcestershire sosu
- 1 çay kaşığı Cajun baharatı
- Servis için pişmiş beyaz pirinç

TALİMATLAR:

a) Büyük bir tavada orta ateşte tereyağını eritin. Meyane yapmak için unu ilave edin ve altın kahverengiye dönene kadar pişirin.

b) Tavaya doğranmış soğanı, dolmalık biberi, kerevizi ve sarımsağı ekleyin. Sebzeler yumuşayana kadar pişirin.

c) Topaklanmayı önlemek için sürekli karıştırarak yavaş yavaş tavuk veya sebze suyunu ekleyin.

ç) Doğranmış domatesleri, Worcestershire sosunu ve Cajun baharatını ilave edin. 10-15 dakika kaynatın.

d) Kerevit kuyruklarını ekleyin ve iyice ısınana kadar pişirin.

e) Etouffee'yi pişmiş beyaz pirinç üzerinde servis edin.

ÇÖZÜM

Okyanus yolculuğumuzu "Tam Kabuklu Ürün Yemek Kitabı" ile tamamlarken, kabuklu deniz ürünlerinin çeşitli ve nefis dünyasını keşfetmenin mutluluğunu yaşadığınızı umuyoruz. Bu sayfalardaki her tarif, bu su altı hazinelerini tanımlayan tuzlu, tatlı ve tuzlu tatların bir kutlamasıdır; kabuklu deniz hayvanlarının sunduğu mutfak olanaklarının bir kanıtıdır.

İster mükemmel şekilde ayıklanmış istiridyelerin sadeliğinin tadına varın, ister ızgara karidesin çok yönlülüğünü benimseyin, ister leziz ıstakoz yemeklerinin tadını çıkarın, bu tariflerin unutulmaz ve ağız sulandıran kabuklu deniz ürünleri yemekleri yaratma tutkunuzu ateşlediğine inanıyoruz. Malzemelerin ve tekniklerin ötesinde, " Tam Kabuklu Ürün Yemek Kitabı " bir ilham kaynağı, okyanusların bereketiyle bir bağlantı ve her kabuklu deniz hayvanı yaratımıyla gelen neşenin bir kutlaması olsun.

Kabuklu deniz ürünleri mutfağı dünyasını keşfetmeye devam ederken, bu yemek kitabının, bu okyanus lezzetlerinin zenginliğini ve çok yönlülüğünü sergileyen çeşitli tarifler konusunda size yol gösterecek güvenilir arkadaşınız olmasını dilerim. Tuzlu tazeliğin tadını çıkarmak, mutfak şaheserleri yaratmak ve her lokmayla gelen lezzeti kucaklamak için buradayız. Mutlu yemek pişirme!

www.ingramcontent.com/pod-product-compliance
Lightning Source LLC
LaVergne TN
LVHW021701060526
838200LV00050B/2457